道しるべ

道しるべ

― 古の師父たちにならう ―

谷 隆一郎 著

知泉書館

はしがき

本書は、古の師父たちの著作からさわりの言葉を選び、できるだけ簡潔な解説文を加えて、全体としてすべてわれわれが「善く生きること」の一つの指標・しるしともなるよう書き進めたものである。『道しるべ――古の師父たちにならう』と題するゆえんである。

そこに取り上げているのは、主としてアウグスティヌス、ニュッサのグレゴリオス、そして証聖者マクシモスという、東方・西方の代表的教父（教会の師父）たちの、人類の遺産とも言うべき古典的文脈である。また、多少とも趣を添えるために、日本思想史の中からは世阿弥、道元そして空海についての小さな考察を、補論として本文の適当な箇所に挟んだ。我が国のそうした先哲の言葉は、根底においては、教父たちの探究とも何らか通じるところが認められるからである。

ところで、本書の論述に関して注意しておくべきことを、あらかじめ少しく記しておこう。まず本書にあっては、特定の信仰箇条の類いを前提としてそれぞれの問題が問い進められているのではない。（ただ筆者は、たとえば「使徒信条」を尊び、教会でのミサ聖祭に与っているのだが。）

むしろ本書は、いわば「ソクラテス風に」、「キリスト教」、「キリスト」、そして主要な教理をしも、改めて「それは何なのか」と問い、さらにそれらが「われわれ自身の魂・意志のうちなる現実として何なのか」ということを、教父たちの文脈に即して問い披こうとしているのである。

それゆえ、以下の論述は、偉大な教父たちにいわば師事しつつ、諸々の哲学的かつ神学的な問題をまさに「愛智の営み」(＝哲学)として吟味し探究していったものである。そしてそれは、すべての人々にとって普遍的な道行きのある種の「道しるべ」ともなりうるであろう。

ともあれ、この小さな著作が、真に自己を問い、自己と他者とのより善き道を問い求めるすべての人々にとって、何らか資するものとなり一助ともなれば、まことに幸いである。

二〇二三年　秋の日に

著　者

目　次

目　　次

道しるべ

――古の師父たちにならう――

聖母子像　12世紀
（イスタンブール，カーリエ美術館）

はじめに

　われわれは奇しくもこの世に生を享け、さまざまな出会いを与えられてそれぞれの道を歩んでいる。そんな道行きの中、ふとしたことをきっかけにして、「このわたし・自己とは何なのか、存在し生きていることの意味と根拠とは何か、そしてわたしはどこから来てどこに去ってゆくのか」といった素朴な問いに促されることがあろう。

　そうした素朴で原初的な問いに対して、現代においてはとくに、物質的要素への還元を旨とする自然科学的見方に同調して、「そんなことは殊更に深刻に考えることもない、誰しもあるとき生まれ、いつか死んで塵に帰るのみ」などと、妙に達観する向きも少なくないかもしれない。

　ただそれにしても、われわれは一度び立ち帰って、いろいろな先入見や偏見をできるだけ排し、虚心に自らのうちに問い直してゆくべきであろう。なぜなら言うまでもなく、洋の東西を問わず多くの先哲が真に自己を問い、また他者との関わりの中で生きていることの意味を根本的に問い抜いてきたからである。彼らのそうした言葉はまさに人類の知的遺産として残され、今もいつもわれわれに語りかけている。彼らはすべての人々にとっていわば導師ともなりうる人々であるが、歴史上とりわけ古代、中世に数多く輩出していると思われる。ともあれ、それらの人々の言葉は極めて含蓄に富んだ透徹したものであり、後世の人々には容易に凌駕し難いものであろう。

さて本書は、広義の古典の中から幾つか主要な言葉を選び、根本的な事柄に関する洞察を多少とも学び取ってゆこうとするものである。取り上げる言葉と文脈は主として旧・新約聖書と教父(教会の師父)たちのものであるが、論述の基本は必ずしも特定の信仰箇条の類いを前提としてはいない。すなわち、以下においては、取り上げた言葉をいっそう普遍的に、われわれすべてにとっての問題として吟味し探究してゆくように努めたいと思う。

なお日本の思想伝統の中からは、筆者が少しく読み取りえた範囲で、空海、道元そして世阿弥について、小さな補論のかたちで取り上げることにしたい。というのは、大方の予想を超えて、それらの傑出した人々の言葉は、その根底においては教父たちの探究と洞察にも不思議に呼応するものが認められるからである。

第一章　原初的な出会い

——探究の端緒——

一　知と不知との間に

はじめに神は天と地とを創った。（創世記一・一）

あなたはわたしの顔を見ることはできない。人はわたしを見て、なお生きていることはできないからである。（出エジプト記三三・二〇）

未だかつて神を見た人はいない。父のふところに在ます独り子たる神こそが、神をあらわに示したのである。（ヨハネ一・一八）

右に引用したのは、旧約聖書と新約聖書とのよく知られた言葉である。一見してそれらから強く印象づけられるのは、神（ヤハウェ）という言葉が微妙な意味合いを有するものであって、われわれはいわば「知と不知との間」に置かれているということである。
すなわち、一方では確かに、「はじめに神は天と地とを創った」という言葉は、神なる存在を「天と地、万物の創造者」として、また「それらの成立根拠」として語っている。しかし他方、多くの文脈では、神（ヤハウェ、テオス）とは端的には「知られざるもの」であった。「あなたはわたしの顔をみることはできない。人はわたしを見て、なお生きていることはできない」と語られている通りである。

そこでまず、東西の教父（東方・ギリシア教父と西方・ラテン教父）の古典に即してあらかじめ言っておくとすれば、神とは、それ自体としては「その何なのか」という実体・本質（ウーシア）が知られえぬものであり、われわれにとって最後までいわば「超越の極み」、「闇のうちなる謎・神秘」に留まるものであった。

その意味で神は、「わたし・自己の外に単なる客体（対象）として知られうるもの（存立しているもの）」としては語られえない。この点に関する限り、たとえば「ヘブライ・キリスト教においては世界と歴史との外に客体的存在（創造主）として神を捉え、前提している」という、しばしば見受けられる言い方は、偏った見方であり誤りですらある。

しかしもとより、「実体・本質（ウーシア）として」知られざる神は、「その働き・活動（エネルゲイア）」が何らか経験されることを通して多少とも知られうる。つまり神は、この有限な時間的世界のうちで、恐らくは今もいつもその働き（エネルギイア）をすべてのものに及ぼしている。従って、そのことがそれぞれの状況にあって何ほどか経験されることによって、神が何らか知られてくるのだ。より正確に言うなら、神の働き（エネルギイア）の経験から、その働きの発出の源泉（主体）たる神の存在（在ること）が、何らか証しされ指し示されるのである。

右に述べた二つの事柄は、探究のあらゆる段階と局面でつねに注意しておくべきことである。そこで次のことを、道行きの標識として提示しておこう。

（i）神とは、それ自体のウーシアとしては決して知られえず、無限性の彼方なる超越であり、闇のうちなる謎・神秘と言うほかないものである。

（ii）しかし神は、そのエネルギイアによって万物を貫いており、その現前が経験されることを通して何ほどか知られ証示されてくる。つまり、「神のウーシアとエネルギイアとの峻別」が、われわれの生きるあらゆる事態の根底に窺われるのである。

探究のはじめ（端緒）

ところで、ふつうは「知っている、分かっている」と思っていることも、改めて「それは何なのか」と問われれば誰しも容易には答えられない。たとえばアウグスティヌス（三六四―四三〇、ラテン教父最大の人、西欧の父と称される）は、先に引用した「はじめに神は天と地とを創った」という表現における「はじめ」とはそもそも「何なのか」と問い、そこから有名な時間論を展開している（『告白』第一一巻）。（それについては後に論じる）。

そして周知のように、哲学（ピロソピア、愛智の営み）の父祖とも言うべきソクラテス（前四七〇／四六九―三九九）は、「美しい、善い、正しい」（美、善、正）」といった根源的な言葉については、すべての人が「知らないのに知っていると思っている」という、いわば「不知の知」の姿を抱えていることを暴き出している（この点は『ソクラテスの弁明』に詳しい。）

では、何がより積極的に哲学（愛智）の探究を促したのか。ソクラテスにあってはいわゆる「デルポイの神託」が先行し、プラトンにあってはソクラテスその人の姿、鮮烈な生と死が、根本的な機縁として存したことは疑いえない。ともあれ、探究の「はじめ」（原点）に、自らの心を貫き、自己存在の基底を揺るがすような原初的出会いが存したことだけは、指摘しておいてよいであろう。

本書における探究の道にあっても、基本的には同様である。なぜなら、たとえば、「神」、「キリスト教」、「信仰」そして「イエス・キリスト」といった言葉（こと・ことば）について、それぞれの人は（キリスト者であるか否かには関わりなく）何らかの知、知識を有しているであろう。しかしそれらは「何なのか」と改めて問われれば、誰しも容易には答え難い。諸々の信仰箇条を持ち出しても、「それは何なのか、いかにして成立したのか」と問われるなら、やはり問題の基底は不知に、あるいは謎・神秘に晒されていると言わざるをえないであろう。

そこで、あらかじめ端的に言っておくとすれば、「キリスト教」や「信・信仰」とは何かと真に問うことは、普遍的に「人間とは何か」と問うことである。そして「イエス・キリストとは誰なのか」を問いゆくことは――歴代の教父たちは使徒的伝承を継承して、まさにその探究をわれわれに成り代わって遂行し、身をもって一つの範型を示してくれているのだが――、「人間とは何か」ということの中心的位相（場面）を問い抜くことなのである。

さて、われわれにとって「探究のはじめ（端緒）」はどこに見出されるのか。この点、先に述べた事柄からすれば、それは、超越的かつ神的な働き（エゲルゲイア）との出会い、根源的経験に存するであろう。しかしそれにしても、知られざる神の働きは万物に及んでいることからして、われわれが日常的に接するあらゆるもの、あらゆることが、神的働きの経験という性格を有している。そしてそこにはさまざまな問題が含まれているが、そうした諸問題は恐らくすべて通底しているであろう。ただ、その多様で同根源的な問題については後に取り上げることにし、次にまずは「探究のはじめ（端緒）」として神的働き（エネルゲイア）との「最も原初的な出会い」の場面」に注目したいと思う。そしてさらに言えば、「問題のはじめ」が端的に現出してくるところに、「問題のおわり（終極）」も何らか姿を現してくると考えられよう。

なお、先の引用文の最後に「父のふところに在ます独り子たる神こそが、神をあらわに示した」とある。それは、「神の子、イエス・キリストが人間として誕生したことを、つまり人間の自然・本性（ピュシス）を摂取して受肉したというキリスト教の中心的事態を意味している。しかしそのことについては、論の流れからして本書の最後の部分で改めて吟味・探究することにしたい。少し示唆しておくとすれば、それは特殊な信仰箇条に関わることであるとともに、あるいはそれ以上に、人間の神経験（神的エネルゲイアの経験）の成立の中心的位相（場面）に関わる事態なのである。

二　愛の傷手——原初的出会いを指し示すもの

わたしをぶどう酒の倉に連れていってください。
わたしの上に愛を秩序づけてください。
香油でわたしを力づけ、りんごの実で支えてください。
わたしは愛の傷手を受けているのですから。（雅歌二・四—五）

これは旧約聖書の『雅歌』中の言葉である。『雅歌』とはイスラエル民族に伝えられた恋愛詩風の作品であるが、古来、教父たちをはじめとして多くの傑出した人々によって、いわば神秘神学の奥の院を象徴的に語り出したものとして受けとめられてきた。

その代表的な人を挙げれば、オリゲネオス（一八四／五—二五三／四）、ニュッサのグレゴリオス（三三〇頃—三九四）、クレルボーのベルナルドゥス（ベルナール）（一〇九〇頃—一一五三）、アヴィラのテレジア（テレサ）（一五一五—一五八二）、十字架のヨハネ（一五四二—一五九一）などである。しかし以下においては、オリゲネスの学統を継承しゆたかに展開したニュッサのグレゴリオス（「カッパドキアの三つの光」の一人）の『雅歌講話』に即して叙述を進める。

右に引用したのは『雅歌』の一節であるが、神の働き（ないし愛）との原初的出会いの機微を象徴するものとして、とくに「愛の傷手」という言葉に注目したい。

『雅歌講話』とは、『雅歌』のさまざまな章句を単に字義的にではなく、極めて象徴的かつ哲学・神学的に解釈した作品である。ちなみに教父・中世の古典にあっては、哲学（ピロソピア）と神学（テオロギア）とは根本において通底し軌を一にするものであった。つまり、さまざまな言葉と問題を言語的かつ論理的に探究する「哲学」（愛智の営み）と、それらを無限で超越的な神への眼差し・志向において観想する「神学」とは、西欧近・現代におけるように峻別されることはない。両者はむしろ、それぞれの特徴を保持しつつも一なるものとして捉えられていたのである。

ところで、『雅歌』は旧約聖書において『箴言』と『コーヘレトの言葉（伝道の書）』に続く文書である。ニュッサのグレゴリオスはこれら三つの書の特徴について、次のように語っている。

キリストはソロモンを道具として使い、その声を通してまずは『箴言』において、次いで

『伝道の書』においてわれわれに語り、この二つの後に『雅歌』に表明されている愛智（ピロソピア）で導き、完全さへの登り道を言葉を整えて示してくれる。そして『雅歌』の愛智はより高い教えであって、『箴言』と『伝道の書』の両者を凌駕しているのである。

（『雅歌講話』、大森正樹、宮本久雄、谷隆一郎他訳、新世社、一九九一年、一七―一八頁）

まず基本的なことについて述べておくと、『雅歌』の文中の「花婿」は神の象徴であり、「花嫁」はわれわれ人間の象徴である。つまり、男性も女性も無限なる神への道行きにおいては「花嫁」（ないし許嫁）と捉えられているのである。

ところで先に引用した『雅歌』の文章に、「わたしは愛の傷手を受けている」とあった。この言葉は、花嫁が花婿の「愛の矢」に射抜かれたことと解されている。それはいわば、花嫁たる人間が神の超越的な働き（愛ないし霊）に貫かれて、自らの存在基底を揺るがされたような「原初的出会い」の姿であろう。ニュッサのグレゴリオスはそうした出来事のうちなる機微を次のように説き明かしている。

おお、美しき傷、甘美なる傷手よ、そこを通って生命は、その矢でできた傷口を、あたかも扉や戸口のように自分のために開けて入ってくる。真実に花嫁が「愛の矢」を受けるや否や、弓矢の射撃は直ちに婚姻の喜びに変ってしまうのである。……そこで、以前は矢の的であった花嫁は、今や自分が左右の手で弓をつがえている射手の手の中で矢となっている姿を見る。

（雅歌講話一二八―一二九頁）

ここには不思議なことがあらわに語られている。はじめ花婿の「愛の矢」の的であった花嫁は、「愛の傷手」を受けるや否や、今度は自らが花婿を目指す矢となるという。してみれば、花婿（神）は花嫁（人間）を「愛の傷手」にもたらした「原因（根拠）」であるとともに、花嫁が志向と愛の限りを尽くして目指しゆく「目的（終極）」でもあることになろう。

なお、矢の射手は愛であるとされ、しかも「神は愛である」（一ヨハネ四・八、一六）という。そしてグレゴリオスによれば、「この神は自分の選ばれた矢（イザヤ四九・二）、つまり独り子たる神（イエス・キリスト）を、矢じりの三肢に分かれた先端――矢じりとは信仰である――を生命の霊の中に浸して、救われる人々に向けて射放つ」（雅歌講話一〇五頁）。それは、主が「父とわたしとはその人のところに行き、一緒に住む」（ヨハネ一四・二三）と語っている通りである。

こうした三位一体論的な意味については惜くとして、ここに注目しておきたいのは次のことである。
まず右のような「愛の傷手」とは、すべてわれわれにとって「探究のはじめ（端緒）」たる「原初的出会い」の姿でもあろう。そしてその現出・発動にあっては、あらかじめ保持され前提とされるような知識は根底から突き崩されている。しかもその際、わたし・自己の「在ること」（存在）すら確かではなく、かえって一つの根源的驚きに貫かれた姿が確かなものとしてあるのである。

これはある意味で、「信・信仰の成立」となった「原初的出会い」であろう。そしてそれは、過ぎ去った過去のもの（単なる所有物）ではなく、人生の道行きにおいて本来は絶えず想起され、つねに新たにされてゆくべきものであろう。

今ひとつ改めて注目すべきは、そうした「愛の傷手」が現出してきたときに、その成立の原因（根拠）は、同時にまた、その志向し愛する目的（終極）でもあるということである。しかしそこにあって、「原因＝目的なるもの」の働き（エネルゲイア）は、「愛の傷手」（原初的出会い）のうちに現前しつつも、対象的・客体的にはついに知られえぬものであり、最後まで超越的なもの、無限なるものに留まる。それゆえ、この「原因・根拠＝目的・終極」なるもの、いわばXは、神、存在、真理そして善などを遥かに指し示すものとなろう。

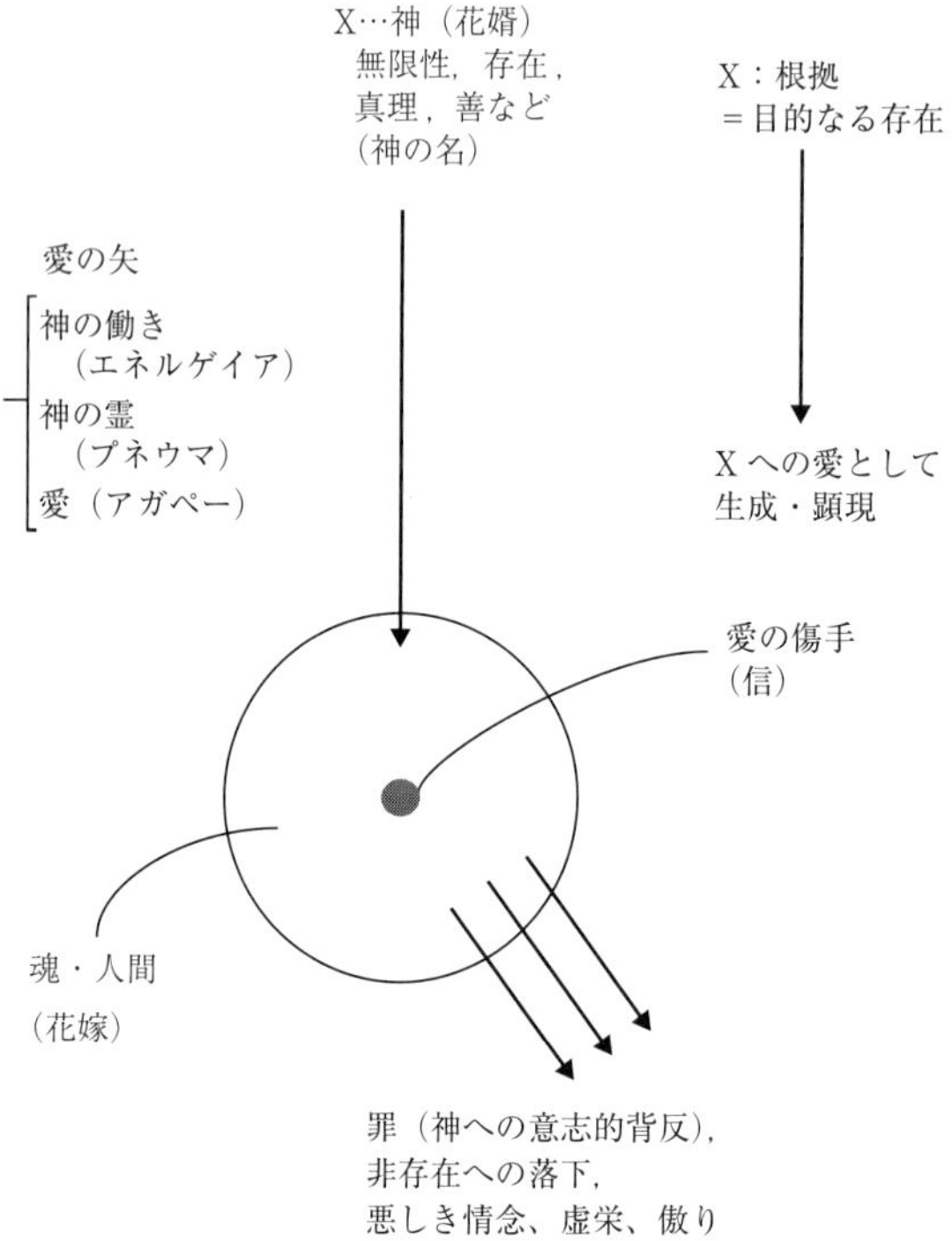

　そこで、わたし・自己における「Xとの原初的出会い」に関する構造を仮に図示するとすれば、上のようになろう。

　ちなみに、ここに述べた「愛の傷手」、「知られざる神の働きとの原初的出会い」は、たとえば道元（一二〇〇—一二五三）の言う「身心脱落」なる根源的経験とも通じていると思われる。というのも、「仏性の働き」がこの身（わたし・自己）に現前してきたとき、ふつう了解されていたような「わたし・自己」もその「身体」と「心」もいわば突破されているからである。そこにあっては、対象的には知られざる仏性の働きのみが確かなものとして現前し、わたしの身と心とは「仏性の働き」を宿す場となり器となっていると考えられよう。

道元の『正法眼蔵』という驚くべき著作は、そうした原初的出会いの真実を――それはまずは「身心脱落」という言葉によって指し示されようが――、さまざまな事柄の経験に即して同根源的かつ全一的な構造のもとに論究していったものであろう。そこで次に、その著作の冒頭、「現成公案」のとりわけ印象深い言葉を挙げておく。

　仏道をならふといふは、自己をならふなり。自己をならふといふは、自己を忘るるなり。自己を忘るるといふは、万法に証せらるるなり。万法に証せらるるといふは、自己の身心および他己の身心をして脱落せしむるなり。（正法眼蔵、現成公案）

これはまことに鮮やかな透徹した表現である。その大意を簡潔に言うなら、「仏道を学ぶことは、自己を学ぶこと（真に自己を知ること）である。しかもそれは、「自己を忘れること」、「身心脱落」のように自己存在の基底が突破されて、いわば脱自的愛に促されることである。そして、そうした姿の現出のうちには、すべての存在物（万法）の存在根拠の働きが現前しているであろう。従って、その文脈においては、「身心脱落」という、ふつう了解されていた自己がいわば無化され、その姿を場とし器として、仏性なら仏性の超越的働きが宿り現前してくるのである。

このように言えるとすれば、道元の言葉の指し示す姿・境位と、ニュッサのグレゴリオスが「愛の傷手」をめぐって指し示している姿とは、恐らく何らか呼応し通底していると考えられよう。

三　脱自的愛の発動——アウグスティヌスの場合

主よ、わたしは疑いをもってではなく、確かな知（良心）をもってあなたを愛する。あなたはあなたの言葉によってわたしの心を貫いたので、わたしはあなたを愛してしまった。

（『告白』第一〇巻第六章第八節）

アウグスティヌスは周知のように劇的な回心を遂げた人であり、その間の事情は『告白』第八巻に如実に記されている。そこでの叙述は自己の根底に潜む「神への意志的背反」（＝罪）を洞察したものであり、いわば意志論の最前線に関わる。そうした事柄については、第二章「創造と罪」において改めて取り上げる。右に引用したのは、アウグスティヌスが自らの回心という事態を後に振り返って、その内実を語り出した言葉である。それは、前節で取り上げた『雅歌講話』における「愛の傷手」と軌を一にしているので、次に吟味しておくことにしたい。

引用した文章は、われわれにとって「確かさ（確実性）とは何か」についての揺るぎない把握を含んでいる。「確かな知（良心）（conscientia）をもってあなた（神）を愛する」とあるが、それは脱自的な愛の確実性とも言いうることである。すなわち、デカルト風に「わたしは思考する、それゆえ（思考する）わたしは在る」として、「思考するわたしの在ることが確かだ」とするのではない。かえってアウグスティヌスにあっては、「己を超えて（脱自的に）神を愛することが確かだ」とされているのである。

そしてとりわけ注目されるのは次の言葉である。「あなたはあなたの言葉 (verbum) によってわたしの心を刺し貫いたので、わたしはあなたを愛してしまった（amavi te）」という。これは完了形で記されており、とくに「あなたの言葉によって」は単数形で記されている。そのことは、それ以前の表現が複数形（ta verba）で記されているのとは、著しい対照をなしている。つまり単数の言葉とは、ここでは「神の子の受肉したキリスト（ロゴス）」（ヨハネ一・一四）を意味しているのである。

ところで、回心に至る階梯として、以前の姿は次のように語られていた。

> あなたの使徒のうち最も小さい者と言われるパウロの書を読んだとき、これらのことははなはだ不思議な仕方ではらわたに染み込んでいった。そしてわたしはあなたの御わざについて考えて恐れおののいた。（これらのこととは文脈上、キリストの受肉と死という「謙遜の道」を示す。）（『告白』第七巻第二一章第二七節）
>
> あなたの言葉はわたしの胸もとにへばりついていた。そしてわたしは、四方八方からあなたに包囲されていた。（同、八巻第一章第一節）

右の文中、「はらわたに染み込んでいた」とか「胸もとにへばりついていた」という表現（神の言葉）は複数形で記されており、聖書の諸々の出来事ないし言葉を示している。しかし、先述の「あなたはあなたの言葉によってわたしの心を刺し貫いた」と言われる際、単数の言葉は「神の子キリスト（ロゴス）」の現前を意味しているのだ。従って右のような文脈にあっては、「はらわた」、「胸もと」そして「心」という三つの言葉が鮮やかに使い分けられている。そして、そうした身体の部位がいわば身体のトポロジー（場所論）として、「精神の回心の階梯」を象徴的に指し示しているのである。

それらの三つの階梯は、いわば神の言葉という軍勢が自我の砦に押し寄せてくる姿を示していると考えられよう。すなわち、神の言葉は、

（i）まず自我の砦の周辺が改められるかのように「はらわた」に染み込み、

（ii）次に砦の中に侵入するかのように「胸もと」に達し、

（iii）ついには砦の中心を陥れるかのように「心」を貫く。それは、自我そのもの（我執や傲り）が突破され明け渡されることである。そうした姿は、既述の「愛の傷手」や「身心脱落」などの言葉が意味するところであった。

かくして、知られざる神の働きに対して自己の全体が明け渡され、ある意味で場となり器となった人間のうちに、神の働き、神の霊がゆたかに注ぎ込まれよう。それは受動性の極みとも言うべき姿であるが、そこにおいてこそ、くだんの「神を愛してしまった」という最も能動的な愛

が発動するのである。

ところで、右に述べた三つの階梯は、全体として相俟って、回心（神への帰向、還帰）という事態を示している。そして恐らく、すべての人がそうした真の回心ないし「第二の誕生」（ヨハネ三・三―七）に招かれている。ふつうの誕生はむろん所与のものであり、われわれの力を超えている。だが第二の誕生は、「人間的自然・本性の開花・成就」、「人間の本来的かたちの成立への道」であり、しかもそのことには自由・意志の働きが微妙に介在している。

そしてここに、さしあたり注意しておくべきは、後に問題とするように、「人間・自己の成立」がある種の逆説を孕み、自らの全体を明け渡すかのような否定を、何らか不可欠の契機として有しているということである。

四　パウロにおける原初的出会い

わたしは神によって生きるために、律法によって律法に死んだ。わたしはキリストによって、キリストとともに十字架につけられている。もはやわたしが生きているのではなく、わたしのうちでキリストが生きている。すなわち、今わたしが肉において生きているのは、わたしを愛しわたしのために〔十字架の死に至るまで〕自らを渡した神の子（キリスト）の信・信仰によって生きているのである。（ガラテア二・一九―二〇）

これは驚くべき言葉である。ただ、生身のイエス・キリストが人間のうちに内在しているなどということはありえない。それゆえ、右のパウロの言葉は、「キリストの名」によって示される神的働き・霊がパウロに現前し宿っていることを意味するであろう。

その限りで、そこに生起した「現実以上の現実」は、先に述べた「愛の傷手の姿」や「神の言葉によって刺し貫かれた姿」、そして「脱自的愛の発動」といった事態と、ほとんど同一のものであったであろう。またさらに、パウロのその言葉は、「キリストとの、そして神的霊との原初的・根源的出会い」を鮮やかに語り出すものであったのである。

しかしキリスト者を自認する人々にあっても、「もはやわたしが生きているのではなく、わたしのうちでキリストが生きている」と言いうる人が、どれほどいるであろうか。それにもかかわらず、右のパウロの言葉が、われわれの求め志向してゆくべき本来的な境位を指し示していることは確かであろう。もとよりわれわれのうちには、「自分はキリスト教の外にいて、そんな言い方には同調できない」と言う人も、少なからずいるであろう。それに対してここでは、教父の伝統を代表する人の言葉を挙げておく。「イエス・キリストはその顕現（神の子としての受肉）の後にも隠されている」とある。

つまり、「神の子キリストの誕生・受肉」とか「歴史的世界における到来」とかいうことは、確かに聖書に語られているが、「イエス・キリストの本質（ウーシア）は最後まで謎・神秘に留まるのだ。それゆえそれは、すでに知られたもの（信仰の単なる所有物）ではない。従ってすでに触れたように、「神」、「キリスト」、「キリスト教」そして「信・信仰」といった言葉は、われわれにとっていわば「知と不知との間」にあり、普遍的な「愛智の営み」（哲学）の対象となるのである。

ところで、先のパウロの言葉において今一つ注目すべきは、「今わたしが肉において生きているのは、わたしを愛しわたしのために自らを渡した神の子（キリスト）の信・信仰（ピスティス）によって生きている」という表現である。「ガラテア人への手紙」のこの箇所は、ふつう「われわれがキリストを信じる信仰によって」と訳されることが多いが、拙訳では「キリスト自身の有する信・信仰によって」パウロが生きていると解している。[1]

これは「人間探究＝神探究」の根本にも関わることであり、後に証聖者マクシモス（五八〇頃

―六六二、東方教父の伝統の集大成者、ビザンティン神学の第一人者）の文脈に即して、改めて吟味してゆく（2）。ただここでは、あらかじめ次のことを確認しておこう。われわれの信・信仰は、自分のうちから自力で成立しうるものではなく、先行する神的働きとの出会いを介してはじめて生じうる。そして「キリストの信」は、「父なる神への聴従」として生起するが、いわば「信・信仰の範型」である。その範型的信の働き（エネルゲイア）に与ることによって、われわれの信・信仰が成立してくるであろう。

さて今、聴従という言葉を用いたが、それは実は先に引用したパウロの文章の中心的場面に深く関わる。その代表的解釈として、次に証聖者マクシモスの文章を挙げておこう。

> われわれの救い主自身、自ら父への聴従をわれわれの範型として示して次のように言っている。「もはや私の意志するようにではなく、あなたの意志するように為したまえ」（マタイ二六・三九）と。また神的なパウロは、主に倣って己自身を否定しつつ、もはや固有の意志を持っているとは思わないかのように、「もはやわたしが生きているのではなく、わたしのうちでキリストが生きている」（ガラテア二・二〇）と言う。

しかしこう言われたからとて、あなたたちは心騒がせてはならない。なぜなら、わたしはそこにあって自由の廃棄が起こると言っているのではなく、むしろ自然・本性に即した確かで揺ぎない姿、あるいは意志的聴従を語っているからである。それによってわれわれは、「在ること」を確固として保持し、さらには〔神の〕似像（エイコーン）が原型へと回復するように現に動かされることを意志するようになろう。（『難問集——東方教父の伝統の精華』、谷隆一郎訳、邦訳五三—五四頁、知泉書館、二〇一五年）

この文章には、聖書が全体として指し示す「人生の道行き」について根本的なことが語られている。そこで以下の探究に備えて、三つの基本的事柄を記しておこう。

（ⅰ）人間は「神の似像と類似性（あるいは象りと似姿）に即して創られた」（創世記一・二六）という。しかしそれは、われわれにとってすでに成就されたことではなく、いわば神の知（言葉、ロゴス）のうちなる「人間かく在るべし」という定め（本来的姿）である。

（ⅱ）ところが、現に在るすべての人間は、パウロが喝破しているように、「罪のもとにある」（ローマ三・九）。つまりわれわれはすべて、神的知のうちなる本来的姿から落下し頽落した姿においてある。

（iii）　それゆえわれわれは、そうした「罪のもとにある姿」から原型たる姿へと回復し上昇してゆくべき道へと招かれている。そうした本来の道行きが成り立つための不可欠の契機が、先の引用文にあるような「現存する神的働きに対する意志的聴従」なのである。

右の三つの事態はむろん多くの問題を含んでおり、それらについては以下において適宜吟味してゆく。あらかじめ意志的聴従というものの内実を平たく言えば、神の言葉に心披き、それを受け容れて謙遜に生きてゆくということにほかなるまい。単にそれだけのことであろうが、そのことに関わる諸問題を真に把握し、それらの関わりを正確に見定めてゆくことは、必ずしも容易ではない。そこで以下の論の目的は、そのことを主として東西の教父の古典的文脈に即してできるだけ明らかにしてゆくことに存する。

註

（1）「キリスト自身の信・信仰」とは、「父なる神へのキリストの聴従」でもある。それはいわば「信・信仰の範型」でもあって、それに依拠することによって、われわれの「イエス・キリストへの信・信仰」も成立してくるであろう。「イエス・キリストの信」を「キリスト自身の信の働き・わざ」と解しうる箇所として、ほかにローマ三・二二、ガラテア二・一六、エフェソ三・一二、フィリピ三・九などがある。（そこでのギリシア語を主格属格と読む。）ちなみにバルタザールは、イエス・キリストはその存在自身が「信・信仰そのもの」であり、「われわれの信の範型」であると強調している。（H. Von Blthasar, Spouse of the Word, Fides Christi, Ignatius Press.）なお、「使徒たちのキリストとの原初的・根源的出会いの経験」が、「信の範型としてのイエス」への信仰の礎であることについては、後に第一〇章「ロゴス・キリストの問題」において、教父の文脈に即して主題として詳しく論じる。

（2）「証聖者」という称号は、マクシモスが晩年に迫害を受け、透徹した言葉を発した「舌」と優れた著作を記した「右手」とを切断されて、なおも信仰の真実を守り通したことに由来する。

第二章　創造と罪

一　すべての人は罪のもとにある（ローマ三・九）

すべての人は、もし神によって生き神とともにあるなら、決して死んではいない。しかし人は、罪によって自己を殺し、諸々の情念（パトス）への意志的衝動によって自らを〔神なる〕ロゴス（ヨハネ一・一二）から引き離してしまうのである。（証聖者マクシモス『難問集――東方教父の伝統の精華』、谷隆一郎訳、知泉書館、二〇一五年、邦訳一四七頁）

罪とは多分に嫌な言葉である。「誰しも罪などということには触れたくない、関わりたくない」と思うのがふつうであろう。しかし、パウロのように、かつては罪のわざ・行為に関わり、しかもそこから劇的に回心させられた人は（ダマスコでの神的光の体験、使徒九・一―九）、罪というものを人が避けることのできない問題として突きつけてくる。特定のわざであれば多少とも慎んで避けてゆくことができるかもしれない。しかしパウロの言う罪とは、そうしたものだけではなく、より根本的にすべての人が自らの自然・本性のうちに抱え込んでいるものであった。すなわち、はじめの引用文に明確に語られているように、パウロによればすべての人は（人種や国、時代などに関わりなく）「罪のもとにある」という。

そのことはパウロの文脈では、確かに「旧約の法・律法」と「キリストの信、そして十字架による罪の贖い（救い）」との対比によって語られている。しかしここでは、キリスト教的な（いわばキリスト教臭い）言葉によってはじめから説明してしまうことはせずに、むしろまずは、「すべての人は罪のもとにある」という捉え方に潜んでいる素朴で根源的な問題をいささか問い抜いてゆくことにしたい。

罪の成立の階梯

さて罪については、周知のように『創世記』第二―三章の記述がまず問題となろう。それはアダムとエバとの神話風の物語であるが、要点を述べれば、次の四段階から成る。

（ⅰ）　はじめアダム（人間の意）は、「園の中央の木から取って食べるがよい。ただし善悪の知識の木からは、決して食べてはならない。食べれば必ず死んでしまうであろう」（創世記二・一七）と神から命じられていた。
（ii）しかし蛇が突如として出現し、エバに対して「決して死ぬことはない。それを食べればあなたたちの眼が開け、神のように善悪を知る者となることを神は知っている」（同、三・四―五）と唆した。
（iii）そこでエバは、「その実が食べるによく、うるわしいことを見て、ついにその実を取って食べた」（同、三・六）。
（iv）そしてまた、これを自分とともにいた夫（アダム）にも与えると、彼もそれを食べた」（同、三・六）。

こうして彼らは神の命令に背いたので、女は産みの苦しみを得、男もまた労苦して生を営む者となり、二人して楽園（エデンの園）から追放された（同、三・一五―二四）。

原初の罪の成立を語るこのくだりは、一見素朴な神話であるが、そこには「罪の成立の機微」に関する驚くべき洞察が秘められている。それについては教父たちが、単に字義的な分析を超えた象徴的・哲学的解釈を示してくれている。そのことを扱うに先んじて、次にまずは「情念（パトス）の生成」についての、一見奇妙な、しかし根本的な把握に言及しておこう。なぜなら、右に概観した「罪の成立」には、情念の働きが介在しているからである。それゆえ、情念というもののいわば存在身分が、とにかくも見定められなければなるまい。

ニュッサのグレゴリオスによれば、「さまざまな情念（快楽、苦痛、欲望、恐怖など）は人間の自然・本性（ピュシス）において原初的には創られていなかった」という。というのも、その際には、それが人間の自然・本性の完全な定義のうちに含まれていたことになるからである（『人間の創造について』PG四四、一九二B）。

もとより、「人間には元来、情念などはなかった」という言い方は、ふつうには奇妙なものと思われよう。が、それは、われわれが「現に在る人間」のことを考えている場合である。しかしグレゴリオスは右の表現において、「人間の創造（ゲネシス、生成）の最も原初的な姿」を注視していたのである。そして証聖者マクシモスはニュッサのグレゴリオスの後を承けて、次のように洞察している。

この点、わたしは偉大なニュッサのグレゴリオスから学んで次のように言う。それら快楽や苦痛などは、完全性からの〔人間〕落下によって、自然・本性の非ロゴス的部分に附加的に生じてきたのだ。

そしてそれらを通して、堕罪と同時に、直ちにまた明らかに、至福で神的な似像（エイコーン）の代わりに、非ロゴス的動物との類似性が人間のうちに生じる。そのように、ロゴスの尊厳が一度び覆われ、非ロゴス的性格によって取って代わられると、人間の自然・本性は正当にも懲らしめられる。かくして神は、知恵にあふれた仕方で摂理を働かせて、人間をロゴス的尊厳の意識へと導き入れるのである。（『神学と受肉の摂理とについて』Ⅲ・六五、『フィロカリア』Ⅲ所収、谷隆一郎訳、新世社、二〇〇六年）

この文章には、「人間の創造（生成）、罪そして再形成（救い）」という道行きについて基本的なことが示されている。そこで注意しておくべきは、情念そのものが罪なのではなく、また懲らしめないし罪が生じることには自由な意志の働きが介在しているということである。つまり一言で言っておくとすれば、右の文脈にあって「完全性からの落下」、「原初的な罪」とは、わたし・自己の成立根拠たる神への「意志的背反」によって、またそれとして生起してくることであろう。[1]

ちなみに、一つの知見として次のことを確認しておこう。何であれ「罪のわざ・行為」は、行為する人にとっては同時に「罰」（懲らしめ）ともなる。というのも罪の働きは、それを為す人

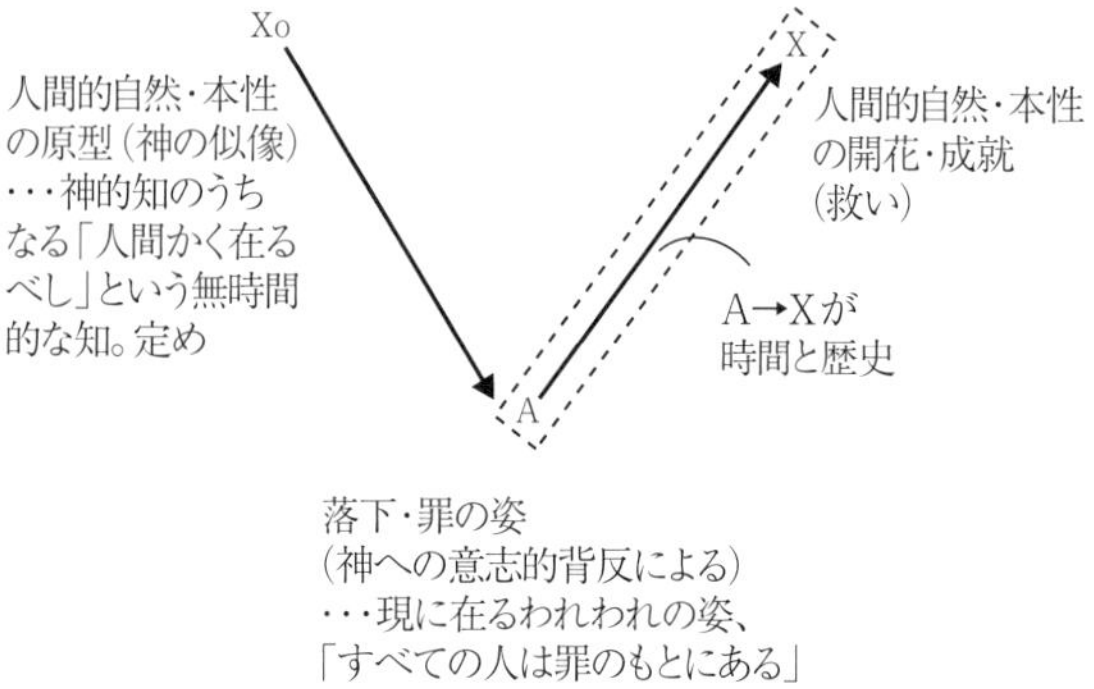

にとって「魂の汚れ」となり、自らの自然・本性の何らかの欠落を招くからである。すなわち教父的伝統にあって、罪とは「死性」であり、「在ることとの欠如」をもたらすものと捉えられていたのである。この点は、一般的な「対象化された罪と罰」、つまり犯罪と刑罰の捉え方とは根本的に異なる。

　右に述べたことは、すべての人にとって人生の道行きの全体としての構造に関わると思われる。そこで以下の探究に備えて、それを便宜上、上のように図示しておこう。

書斎のアウグスティヌス
（ボッティチェリ　15世紀　フィレンツェ）

二　アウグスティヌスによる「創造と罪との解釈」

ところで、『創世記』における罪の物語については、教父たちが含蓄ある解釈を提示しているが、次にアウグスティヌスの独特の解釈を取り上げておこう。それは、聖書で用いられている文字の字義的分析によるものではなく、それらを超えて象徴的かつ哲学的解釈として展開したものであった。

ちなみに、アダムやエバは聖書の語り口では独立の個人として描かれている。ただそこには、古代ヘブライ人における集合人格的な表現様式が反映している。このことは、ヘブライ語において「アダム」が一般に「人間」を意味することからも窺われよう。さらにはまた、こう言われている。

神は土（アダマ）の塵で人間（アダム）を形づくり、その鼻に息（ハーヤー）を吹き入れた。こうして人間は生ける者となった。（創世記二・七）

この言葉はアウグスティヌスによれば、人間の身体（肉体）はすでに在る素材（質料）から造られたのに対して、魂（人間）は神の霊によって直接創造されたことを意味している（『創世記逐語註解』第七巻第二四章第三五節）。しかもそのことは、すべての人間の魂についても当てはまるであろう。とすれば『創世記』の記述は、特殊な個人の出来事を神話風に物語るという仕方で、実は「人間とは何か、そして罪とは何か」ということを普遍的に語り出しているのである。

さて、先に挙げた「罪の成立の四つの階梯について、まずはそれぞれの霊的・象徴的な意味を概観しておこう。

（ⅰ）はじめに神の命令として、神に聴従すべきことが禁止命令という形で示されている。

（ⅱ）次に登場した蛇は、神の命令に背くことを唆した。一言で言うなら、蛇自身が「神の命令への背反」を象徴し、「悪魔の化身」と解されよう。さらに、蛇はどこからともなく突如、いわば、として現れた。そのことは、「意志による神への背反」が突如として人間に生じることを意味するであろう。

すなわち、「神への意志的背反」などということは、何か先行する原因から生じるのではなく、無底のように生じると考えられる。とすればそのことは、後に吟味するように、いわば「人間的自由の深淵」を暗示しているのである。

(iii) エバは、神への背反を唆す蛇に従った。蛇に対するエバの同意には、感覚的形象が結びついていた。それゆえアウグスティヌスによれば、エバは「時間的・感覚的なものに関わる精神の部分」を象徴しているという。それに対してアダムは、「永遠なるものに関わる精神の部分」を象徴している(『三位一体論』第一二巻第七章第一〇節)。とすれば、両者は一人の人間、一つの精神に属しているのであって、独立の個人を指しているのではないことになろう。

すなわちアダムとエバは、個体としての二人の人間を表しているのではなく、通俗的に人類の祖先だというのでもない。われわれ一人一人が、現に今ここで、自然・本性的に「アダム・エバ」なる結合体なのである。

ところでエバの行為は、感覚的なものに惑わされ、いわば心で迷っている状態を示しているという。従ってそれは、未だ意志的な行為として現に具体化されていない「心の迷い」の姿を象徴している。

(iv) 最後にアダムは、そうしたエバに同意して、園にある「善悪の木の実」を食べた。それはもはや迷いではなく、意志的な判断によって「神への背反それ自身」を自ら肯定したことを意味する。そして注意すべきは、そこにおいてこそ「罪」＝「神への意志的背反」が現実に生起するということである。つまり、罪のわざ・行為は、アダムの意志的同意によって、はじめて具体的に顕現し、いわば身体化してくるのである。

罪の成立の全体としての機微――蛇、エバ、そしてアダムの象徴的意味

右に述べた（ⅰ）から（ⅳ）までの意味づけはアウグスティヌスによるものであるが、さらにアウグスティヌスは、「蛇」、「エバ」そして「アダム」のわざ・行為の意味するところを集約的に次のように語っている。（一連の考察の結論的部分のみを挙げておく。）それは『創世記』第三章の「罪の物語」に対する象徴的・哲学的解釈として、一つの規範的表現に達していると思われる。

肉的かつ動物的な感覚が精神の志向に対して……感覚自身を享受するように誘惑を投げかけるとき――すなわち不可変的な善としてではなく、自分の私秘的な善として享受するよう誘惑するとき――、それはいわば「蛇が女に語りかけたそのとき」である。

そしてさらに、この誘惑にエバが同意することは、とりも直さず「禁じられた木から食べること」である。ただしこの同意が、もし思惟の喜びのみによって満足させられ、肢体の

方はより高い思慮の力によって「不義の器として罪に捧げられないように（ローマ六・一三）抑制されるなら、それは「女だけが禁じられた木の実を食べたこと」と解されるべきであろう。

だが他方、身体の感覚によって感覚されたものを「悪しく使用することに同意して」、実行する力さえ伴えば身体においても成就されるために、何か罪を犯す決心が為されたなら、それは「禁じられた食物をともに食べるように、女が自分の夫にも与えたこと」（アダムの同意）と解釈されるべきである。（『三位一体論』第一二巻第一二章）

アウグスティヌスは深く強靭な思索の人であり、右に提示した文章もその一例である。文中、女、男（夫）という文字が見えるが、それらは男尊女卑などとは全く関係がない。われわれはすべて「アダム・エバ」の結合体だからである。

右の引用文において構造としてとくに注意すべきは、アダムの段階で現実に生起した「神への意志的背反」（＝罪）は、実は「蛇」のうちにも潜在的な仕方で存在していたということである。つまり、蛇は悪魔（サタン）のわざを象徴しているが、その悪魔とは「傲りによる転倒した意志」、「神への背反」そのものを呼ぶ名でもあった。

ただ、そうした「神への背反」は、エバの段階では「思惟の喜びのみによって満足させられ肢体の方は思慮によって抑制されている」という。しかしアダムの段階に至ると、自らの意志による同意によって「神への背反としての罪が現実に行為として生起し、いわば身体化してしまう」のである。

このように見るとき、罪というものの成立にはある種の円環的・自己還帰的構造が存していることになろう。すなわち、罪（神への意志的背反）という行為の生成には、はじめに潜在的に存していたものが（それは蛇によって象徴されていた）、「心ないし思惟のみの喜びという迷いの姿」（エバによる象徴）を経て、ついには「意志的同意によって現実化・身体化されることになる（それがアダムの行為の象徴である）。

右のことは、たとえば何か悪しき行為が為されるに至る「心の動き」を考えれば、誰しも思い当たるふしがあろう。つまり、ふと悪い思いが生じ心のうちでそれを楽しんでも、いや「実行するのはやはり宜しくない」と抑制される。が、それに留まらず自ら意志し、現に行為として為されることもある。

それはともあれ、「罪の成立」の三段階を改めて考察すれば、「蛇」（悪魔の化身）、「エバ」そして「アダム」という姿は、ほかならぬわれわれ自身のうちに生じうる三つの契機であろう。この意味では、すべてわれわれは蛇、エバそしてアダムの複合体だということになる。してみれば以上のことは、はじめに「ふと突如として生じた」悪しき罪なる思いが、「心のうちなる迷い」を経て、自らの意志による同意によって「現実の行為」となってしまう過程である。そこで、この間の自己還帰的な構造を仮に図示しておこう。

Xo ・・・・・	X'o ⟶	A ⟶	X
悪魔	蛇	エバの同意	アダムの同意
（神への背反）		（心のうちなる迷い）	（罪の成立）

「人間の創造（生成）」と「罪の生起」とのある種の同時性

先に述べたように、「情念」というものは人間の自然・本性にはじめから帰属してはいないとされた。すなわち、「罪（神への意志的背反）の成立」とともに諸々の情念が生じてくるのだ。そのことと右に見定めた事柄とは、むろん密接に関わっているのである。

この点、一言で言うなら、創造と罪とは、いわば「無時間的な意味としては」全く異なる。しかし両者は、「人間の現実の時間的生成としては」同時的なのである。なぜなら、人間はこの有限な時間的世界に創造（生成）せしめられると同時に、自由に意志しはじめるからである（このことはシェリング（一七七五—一八五四）の『人間的自由の本質』にあっても強調されている。）言い換えれば、「罪」（＝神への背反）とは、われわれの具体的な生との関係では、もとよりわれわれの存在より後なるものである。が、それは、人間たることの根源的生成の場にあっては、われわれの「行為すること」と同時的に生じるのである。(2)

ところで、「人間は情念への意志的な衝動によって、自らを神から引き離してしまう」とあった。それは実は本節のはじめに引用した言葉である。すなわち、人はもし神によって生き神とともにあるなら、決して死んではいないという。しかし人は、「罪によって自己を殺し、情念への意志によって自らを神から引き離してしまう。」

これは改めて標語として言えば、「自由・意志による行為と自己存在の様式との関わり」という問題である。そこで次章においては、そのことを新たな主題として吟味・探究してゆくことにしたい。

註

（1）罪とは、わたし・自己の「在ること」の基底を脅かすような「根拠たる神への意志的背反」であり、すべての人が悪しく意志するという「意志の負の可能性」、「自由の深淵」として抱えているものであった。この点に関してキルケゴール（一八一三—五五）は、「罪とは無知である」とするソクラテス的な定義に対して手厳しい批判を加えている。つまり、「罪が無知だ」と捉えても、「その無知の根源をさらに探究することがなく、ソクラテスはキリスト教の出発点となっているものの探究には足を踏み入れない。……ソクラテスに欠けているのは、〈罪が意志のうちにあること〉をはじめから探究の外に置いていることである」とある。（『死に至る病』の第二部第二章、松浪信三郎訳、白水社、一九六一年）。

（2）このように「人間の現実の時間的生成」にあっては、人間的自然・本性がその創造・生成のはじめから抱えている「負の可能性」（悪しく意志することへも開かれていること）のゆえに、罪もいわば同時的に生じる。そしてさまざまな情念も、そうした罪の生起とともに生じるのである。このことを身体論として捉え直すなら、人間の現実の生成にあって「魂と身体との同時的生成」という論点ともなる。このことについては第六章「身体の問題」において、とくに証聖者マクシモスの文脈に即して吟味してゆく。

第三章　自由と善

一　自由・意志の働きと自己存在の形成

誰一人として知らぬ者とてないことであるが、すべて可変的なものは何一つとして同一に留まることなく、あるものから他のものへとつねに変化する。そしてその際、より善きものにか、より悪しきものにか、つねに生成変化するのだ。……そのように絶えず生成変化するということは、人間にあって何らか物体的出来事の継起として単に外的な要因に依存しているのではなく、かえってそうした誕生・生成自身、自由・意志（プロアイレシス）にもとづく。

従って、われわれは何らかの仕方で自己自身の親なのだ。すなわちわれわれは、自らが意志した限りでの自己を生み出してゆくのであり、固有の自由・意志にもとづいて〔自らに善きかたちを刻みつけるか、悪しきかたちを刻みつけるかしつつ〕、自らが意志する方へと自己を形成してゆくのである。（ニュッサのグレゴリオス『モーセの生涯』Ⅱ・二―三、『キリスト教神秘主義著作集1』所収、谷隆一郎訳、教文館、一九九二年）

ニュッサのグレゴリオスのこの文章によれば、われわれは自由・意志によって意志したように自己を形成してゆくという。つまり、「自由・意志の働きによるわざ・行為」と「自らの存在様式」とは密接に関わっているのである。

このことは、一般の常識的捉え方とも古代ギリシア哲学での捉え方とも少なからず異なっているので、まずそのことに言及しておこう。

常識では、自由・意志の働きや行為が何であろうと、自らの「在ること」（存在）はとにかくも確保されていると思われているであろう。あるいは、うちなる情念や外なる行為がいかなるものであっても、自分の心・魂の方は影響を受けることなく保持されているのであろう。しかし、右に引用したニュッサのグレゴリオスの言葉はそうした思いや判断を根底から揺るがすものであった。

また古代ギリシア哲学、とくにアリストテレスにあっては、簡単に言うとすれば、「行為する主体の理性的判断や選択意志」と「行為の対象・目的」との関わりが論の基本となっている。それゆえ、主体・自己の存在様式の変容などということは、論の関心の外にあるのである。

さて、それらの捉え方に対してニュッサのグレゴリオスにあっては、「自己がより善きものになる」とは、主体・自己の「在ること」が確保された上での性質の変化などではない。つまり、そこでは「主語的な実体（ウーシア）の同一性が前提された上で、その実体の属性（いわゆる附帯性）がさまざまに変化する」といったアリストテレス風の自然学の構図は、いわば後にされていると言えよう。

その際、とりわけ注意すべきは、「自己が善きものになること」（徳、アレテーの形成）とは、ある意味で「新しい存在の誕生」でもあるということである。この点はヘブライ・キリスト教の、そしてとくに教父の伝統における特徴であり、基本的な問題把握でもあった。それは一般に、「自然・本性（ピュシス）をいかに捉えるか」という根本問題に関わる。さしあたり言っておくとすれば、いわゆる自然界（物質的また生命的存在者）には、善は勝義には現れない。そこではむろんさまざまな生成変化があるが、端的に「善きかたち」が生じることはない。たとえば多くの生命体は（動物も魚も鳥も）、自らの子孫を残すために涙ぐましいまでの努力をしている。だが彼らにあっては、自らの自然・本性そのものが「より善くなる」とか変容する」などということはないのである。

他方、人間のみは、自らの自由・意志の働きを介して「善の出現か否か」ということにすぐれて関与しうるのだ。そこに「新しい存在」が何らか生じてくるとすれば、そのことは存在論としても世界把握としても極めて大きな意味を有しているのである。

ところでニュッサのグレゴリオスは、「自由・意志や選択行為」と「自己存在の変容」との関わりをめぐって、先にも取り上げた『雅歌講話』の中で次のように踏み込んで考察している。

> 人間は自分の意志し欲することを受容でき、また自由な意志・択び（プロアイレシス）の傾向が導くがままに変化する。なぜなら、もし自由・意志が憤怒の情念（パトス）を受け容れると憤怒的となり、欲望の情念のとりことなると快楽に溶け込むからである。……実際、われわれの自由・意志は自らの意志し欲するかたちになる力を持っているので、ロゴスたる花婿が次のように言うのは正しい。「悪徳との交わりから遠ざかってあなた（花嫁）はわたしに近寄り、原型の美（善）の近みに至り、鏡のようにわたしの像と同じ姿を取って、自ら美しくなった」と。なぜなら人間本性は、その自由・意志で択んだ影像に従って変容するの

で、真に鏡に似ているからである。（『雅歌講話』、九一―九二頁）

この文中、美（カロン）はグレゴリオスにあって善（アガトン）とほとんど同義であるが、それは恐らく、「美と善とが一に帰す神的境位、神の子ロゴス・キリストの受肉・顕現の姿」を凝視してのことであろう。そして、「存在」、「善」、「美」は神にあっては同一なるものとして観想されているのである。

ただし、そうした事柄は、先に「愛の傷手」について述べたように、花嫁（人間）の「自己自身を超えてゆく脱自的愛」の経験からこそ遥かに証示されるのである。なぜなら、「わたしは在る」（エゴー・エイミ、存在そのもの）と自らを啓示した神（ヤハウェ）（出エジプト記三・一四）は、人間の脱自的愛を発動させる根拠（原因）であるとともに、そうした愛の志向する究極の目的（＝善）でもあって、その働き（エネルゲイア）はほかならぬ人間の脱自的愛のうちに、その都度の今、ここに現前していると考えられるからである。

ところで、花婿（神）は「原型の美そのもの」として語られている。しかし、われわれは原型の美を捉ええず、あくまで「その影像に従って変容する」に過ぎないという。「人間本性は鏡に似ている」という表現は、そこでの関与と隔たりとを意味している。つまり、人間の自然・本性は自由・意志によって「清澄に原型の美を映すか、曇ってしまうか」という両方向に開かれているのである。

超越的な善との関わり

では、先の引用文において「自分の意志した方向へと自己を形成する」とか、「自分の意志した欲するかたちになる」などと言われているのは、いかなることなのか。もとよりわれわれは、「ものの製作」のように自らの「存在様式（存在のかたち）」を直接に対象として形成するのではない。それゆえ、引用文での表現には、次に述べるように「超越的な善に対する微妙な関わり」が潜んでいると考えられよう。

ある行為を対象として意志し択ぶとき、われわれはそれを「目的」として――つまりとにかくも「善いもの」、「充足」として――択んでいる。なぜなら、その行為を択んだとき、それ以前に何らか「欠如」であった自らの姿が、いちおう充足されるからである。たとえば、水が飲みたいと思って水を飲むという場合、「目的」は渇きがいやされる「充足」である。それはいわば、個別的な目的（善いもの、充足）の現出なのである。

しかし、そうした個々の意志的な行為・択びを為すとき、われわれは同時に「善そのもの」に対していかに応答してしまっているかと考えられよう。それはいわば、光そのものは捉ええないが、光に照らされた個々のものを見るような場合である。そしてその際、善（神）の働きに対して「いかに心抜き聴従したか」ということが、とりも直さず、主体・自己における「善の分有・与りのかたち」となろう。それはさらに、個別的な行為のかたちをいわば器、場所として、そのうちに宿り具体化してくるのである。

砂漠の師父の言葉

ちなみに、われわれはふつう他人の行為を見て、「その人がいかなる人であるか、神の前にいかに心抜き聴従しているか」を判断してしまうであろう。それは幾分かは当っていることがあるかもしれないが、真実のところ人の目には隠されている。それゆえ、たとえば往昔の「砂漠の師父」（三世紀から五世紀にかけての東方キリスト教世界の修道者）は、次のように語っている。

人が謙遜で貧しく、また他人を裁かないなら、神への畏れが生じる。（エウプレピオス・五）

人が自分に眼を向けて、自分を非難するとき、その兄弟は彼のそばで価値ある者に見える。

しかし、自分がよいと思ってしまうと、その兄弟は彼のそばで悪しき者に見える。（ポイメン・一四八）

誰にも悪を為さず、誰をも裁いてはならない。これを守れ。そうすれば救われよう。（エジプトのマカリオス）

われわれが兄弟の過ちを暴くときには、神もわれわれの過ちを暴く。（ポイメン・六四）

立て、神はおまえをお赦しになった。だがこれからは、神が裁く前に他人を裁かぬように心せよ。（テーベのイサク）

（『砂漠の師父の言葉』、谷隆一郎、岩倉さやか訳、知泉書館、二〇〇四年）

「善への応答」と「魂のかたち」

ところで、善そのものは、そして神は超越の極みであり、その実体・本質（ウーシア）はわれわれにとってどこまでも知られざるものに留まる。しかし、善（神）の働き（エネルゲイア）は万物に及び、とりわけ人間の意志的行為の成立を恐らくは構造的に支えているのである。（感覚的に見ることにおける光のように。）

そして他方、個々の行為のかたち（形相）は、善への意志的応答（心の披き）を宿す器とも身体ともなる。この意味では、個々の行為の形相は、より上位のかたち、つまり「善への意志的応答のかたち」に対しては質料的位置にあることになろう。

ただし、「善への応答」という魂のかたち自身は、それが「いかに善いものであるか否かについては——善（神）の前ではあらわであるとしても——、人の眼には（また自分自身にも）隠されていると言わざるをえないのである。

二　神的な働きと人間的自由の働きとの協働

さて、右に述べてきたことの根底には、神的・超越的な働きと人間的自由の働きとの、一見単純な、しかし最も根本的な関係が漲っている。ニュッサのグレゴリオスはそのことを、次のように簡明に語り出している。

> 偏り見ることのない神的な霊（プネウマ）は、自由に心披いてその恵みを受け取る人のうちにつねに流入する。……そうした賜物を真摯に受容する人にとって、霊はそれぞれの人の信・信仰という測り・尺度に従って、協働者としてまた伴侶として留まり、かくして善がそ

の人のうちに宿り来たることになる。(『キリスト者の生のかたち』、De Instituto Christiano,p. 14)

これはグレゴリオス晩年の作品中の言葉であるが、「魂・人間の成立」ということの中心的場面を指し示している。その文中、神的な霊とは「神ないし善の働き」、「神の愛(アガペー)」と実質的には同じものと考えられる。改めて注目すべきは、「信の測り(意志的聴従の度合)に従って」神的な霊が注ぎ込まれるということである。

言い換えれば、神的な働き(霊)は、「心砕かれた人間のうちに」、あるいは「謙遜な魂のうちに」流入するのだ。平たく言うなら、ほとんどすべてのことは恐らくそのことに帰着するであろう。つまり、社会でのなりわいや身分、財産その他は、神の眼差しの前では恐らく無に等しく、ただ人間が「神にどれほど心抜き謙遜であったか」ということが、真に問題なのである。もとより、神的な霊に心抜くということは、強制的ないし必然的な仕方によって生じるのではない。それゆえ、簡明に語られた右の引用文には、次のような二つの事柄が潜んでいるであろう。

すなわち、自由・意志による心の披き、あるいは聴従と信がなければ、神的な霊は流入しえない。なぜなら、有限なさまざまなものや人への欲求や執着があるときには、神的な霊の流入が妨げられるからである。

しかし他方、神的な霊の流入とその受容がなければ、自由・意志の善き働きも信も現に生じえないであろう。

してみれば、右の二つのことはある種の循環を為していると思われる。そしてこれは結局、「善く意志することの究極の根拠は何なのか」という問題でもあろう。というのも、「すべての人は罪のもとにある」（ローマ三・九）と言われるように、われわれは誰しも、「神に背反し悪しく意志する」という負の可能性を抱えているからである。

こうしたことをさらに問い披こうとするとき、「神の子キリストの受肉、受難（十字架）そして復活」といういかにもキリスト教的なことが、実は普遍的に「愛智の探究」（＝哲学）の最前線にある問題として映じてくるのである。（ただ、その主題を吟味・探究することは、本書の最終章に委ねたい。）

ここでは基本的な知見として、とにかくも次のことを確認しておこう。

（ｉ）人間の魂と自由・意志というものは、本来は恐らく、神的な働き（神の霊）を受容し宿す器とも場とも身体ともなりうる。そして、魂・人間が自己自身を神的働きの宿る器とし場とするとき、その受動性の極みにおいてこそ、神的な働きがより善く顕現し、いわば受肉してくるであろう。

(ⅱ) それは同時に、人間が最も能動的に、かつ「より善く働くこと」、「善く意志すること」の成立でもあろう。このことは先に述べた「愛の傷手」(雅歌二・五)の姿でもある。そしてそれはさらに、「もはやわたしが生きているのではなく、わたしのうちでキリストが生きている」(ガラテア二・二〇)というパウロの言葉が指し示すところであった。

これらのことは何らか逆説的な事態であるが、そこに人間的生の秘密が存しよう。なぜなら、人間は己を限りなく超えた神的働きに聴従するときにこそ、そうした自己否定の働きを介して自らの自然・本性をより善く開花させうると考えられるからである。

とすれば、神への道行きにおいて「新しくなる」、「より善き者になる」などということは、殊更に能力に恵まれた人に可能なのではなく、むしろほんの小さな善きわざ・択びとして、すべての人に生起しうることであろう。

かくして、神の霊、神の働きがわれわれの魂の内奥に注がれるとき、そのひそやかな出来事は、何らか「新しい創造」という意味合いを有するものとなろう。というのも、心砕かれた謙遜のうちに神の霊を受容し宿すことは、「新しい人」の誕生（二コリント五・一七、コロサイ三・一〇）ともなるからである。

　しかしそのことのうちには、既述のように、自己自身をなみする自己否定の契機が不可欠のものとして介在している。ただそれは、結局のところわれわれの自力のみでは為しえない。であればここに、そのことの可能となる根拠の働き（エネルゲイア）が、「われわれのうちに」、また「われわれを超えて現前していなければならないことになるのである。(1)

　次章においては、以上のことを踏まえた上で、「神の名」の根本的意味（啓示）について改めて考察しておくことにしよう。

註

（1）　このことは聖書の言葉の解釈に関わるとともに、哲学・倫理学的な問題の中心的位相・場面にも関わる。この点、あらかじめ一言しておくとすれば、自己自身をなみする自己否定が——それは自力のみでは至難であり、不可能であるが——、何らか可能となる根拠の働きとは、十字架の死を凌駕して働く「ロゴス・キリストの働き」であろう。その限りで、哲学（愛智の道行き）の最後的な問題場面とキリスト教のそれとは、根本で呼応し触れ合うのである。ただ、このことを主題として吟味・探究するのは、第一〇章「ロゴス・キリストの問題」以下の論に委ねられる。

第四章　神の名の啓示
――存在への問い――

モーセはあるとき羊の群れを荒れ野の奥に追ってゆき、神の山ホレブ（シナイ）に来た。そのとき、柴の間に燃え上がっている炎の中に主の御使いが現れた。彼が見ると、見よ、柴が燃えているのに、燃え尽きない。……神は言われた。「ここに近づいてはならない。足から履物を脱ぐがよい。あなたの立っている場所は聖なる土地だから」。神は続けて言われた。「わたしはあなたの父の神である。アブラハムの神、イサクの神、ヤコブの神である。」

モーセは神を見ることを恐れて、顔を覆った。主は言われた。「わたしはエジプトにいるわたしの民の苦しみをつぶさに見、追い使う者のゆえに叫ぶ彼らの叫び声を聞き、その痛みを知った。……わたしはあなたをファラオのもとに遣わす。わが民イスラエルの人々をエジプトから連れ出すのだ。」……モーセは神にたずねた。……「彼らに『あなたたちの先祖の神がわたしをここに遣わされたのです』と言えば、彼らは『その名は一体何か』と問うに違いありません。彼らに何と答えるべきでしょう。」神はモーセに、「わたしは在る、わたしは在るという者だ」と言われ、また「イスラエルの人々にこう言うがよい。『わたしは在る』という方がわたしをあなたたちに遣わされたのだと。」（出エジプト三・一一—一四）

右に掲げたのは、旧約聖書の心臓部とも言われる有名な個所である。教父の伝統はそれらの言葉を、単に字義的にではなく、象徴的かつ哲学的に解釈しているが、以下においてはとくにニュッサのグレゴリオスの『モーセの生涯』という珠玉の作品に即して論を進めたい。

とりわけ注目すべきは次のことである。右の文中、『新共同訳』で「わたしは在る、わたしは在る者だ」と訳されている原語は、〈ehyēh asher ehyēh〉というヘブライ語である。それは〈egō eimi ho ōn〉（七十人訳・ギリシア語旧約聖書）、〈egō smm qui smm〉（ウルガタ・ラテン語訳）などと訳された。この一句こそ古来、ユダヤ、ビザンティン・ラテン、アラビアといった諸伝統が死力を尽くして格闘してきた言葉であった。

ギリシア語表現をそのまま訳せば、「わたしは在るところの者で在る」、英語では〈I am who I am〉となる。また生成・動態を重んじるヘブライ語の感触からは、「わたしは在らんとする者で在らんとする」とも訳される。それはいわば、己を超えてゆく脱自的・自己超越的動性を示している。

そして神の名（ヤハウェ）は、単に「わたしは在る（在らんとする）」とも語られている。こうした神名は、確かに不思議な語り口である。しかしそこには、通常「在る、存在する」と思われているもの（諸々の存在物）の根底を貫き、それらを真に「在ること」に与らしめる神的働きが指し示されているであろう。そしてそれは、とくに「わたし・自己」の「在ること」を謎かけるような超越的働きの現前を示すものでもあったのである(1)。

ところで、ニュッサのグレゴリオスがこの「神名の啓示」を解釈したくだりは、己自身を限りなく超出してゆく動的かたちを注視するものであった。その際、グレゴリオスはギリシア語で思索しているのだが、内実としては、生成・動態を重んじるヘブライ的伝統の中心的位相を担い切っているのである。それゆえグレゴリオスの愛智（哲学）の文脈には、ヘブライとギリシアという二大思想潮流がギリシア語表現において出会い、かつ格闘した姿が認められる。そして、その緊張と格闘とが険しく根源的なものであったからこそ、そこに形成されたものは、極めてゆたかな内実を有し、いわば人類の知的遺産となりえているのである。

一　神名の顕現における否定の契機

先の引用にあるように、モーセは燃える柴での「神の顕現」に与りゆこうとしたとき、足から履物を脱ぐよう命じられた。それはグレゴリオスによれば、次のような象徴的意味を有する。そこには「存在」（神の名）の把握についての徹底した否定の契機が含まれているのである。

> 神の命令に背くことによって裸にならしめられたそのはじめから（創世記三・一―一三）、人間の自然・本性（ピュシス）には死すべき地上的な皮膚の覆いがまとわりついている。それゆえ、その覆いが魂の歩みから取り除かれなければ、われわれは知の高みに登ることはできない。そうした浄化（カタルシス）が生じるとき、それに続いて真理（アレーテイア）の知が生じ、自らをあらわにする。なぜなら存在の知は、非存在をめぐる把握が浄められることとして生じるほかはないからである。（『モーセの生涯』Ⅱ・二二）

神（ヤハウェ）の名は、端的には「わたしは在る（エゴー・エイミ）」であった。グレゴリオスはそれを敷衍してさらに、「真実の存在は自らの本性によって在ることを有する」と言う。それに対して非存在とは、「単に見かけだけで存在を有しているに過ぎず、自らの本性としては何ら自存していないもの」のことである。そして神の顕現にまみえたモーセは、「感覚によって把握されたものや思惟によって観られたもののうちのいかなるものも、真実には存在していないことを思い知らされた」という。

　そこでグレゴリオスは、神を「すべての存在物の原因」、「真に存在し、つねに自己同一なるもの」と呼ぶ。しかしそれらの表現は、神を対象的に知ったことを意味せず、「限定ならぬ限定」であり、ある意味で「否定の極み」でもあった。なぜなら、われわれが何かを考えるときにも、何らかの像と限定によって捉えざるをえないが、存在そのものたる「神名」の啓示は、対象知の領域を超えた「無限性の境位」においてあるからである。そして「存在の知」は、「非存在をめぐる把握が浄められることとして生じる」とされる。もとより、その道を現にゆくことは容易ではなく、ほかならぬわれわれ自身の「魂の浄め」として生じるのである。

　ところで先の文中、「神の命令に背いたそのはじめから、人間本性には死すべき覆いがまとわりついている」とあった。それはむろん「アダム・エバの罪」のことであるが、改めて次のことを押さえておこう。

（ⅰ）人類の始祖の罪のわざが物語風に記されているが、それは単なる過去のことではなく、真相としては現に今、われわれ自身の行為に関わることである。

（ⅱ）「死すべき覆い」とあるが、それは人間にはじめから帰属しているものではない。それはあくまで「神への意志的背反」（＝罪）によって、人間的自然・本性に新たに生じてくるのであった。そしてそれが、「死の性」として、また「存在の欠如したかたち」として語られることになる。この意味で罪とは、存在論的な次元において探究されるべきものであった。

否定神学的な知の構造

旧・新約聖書のいろいろな箇所に窺われるように、有限で可変的な事物は、決してそれ自身で完結したものではありえず、自らの存在の「より先なる根拠」（神的ロゴスの働き）を指し示している。素朴な例として、『詩編』には次のように語られている。

天は神の栄光を物語り、大空は御手のわざを示す。
昼は昼に語り伝え、夜は夜に知識を送る。
話すことも語ることもなく、声は聞こえなくても、

その言葉は世界の果てに向かう。（詩編一九・二―五）

簡潔に言うなら、およそ有限な事物についての知・知識は、それぞれの形相の限定によるものであるとともに、無限なる神性を指し示す象徴ともなりうる。すなわちわれわれにとって、有限な「対象知」と無限性（神の名）に開かれた「象徴知」とが同時的に成立してくるのである。それはいわば「知の両義性」とも呼ぶべきことである。

実際、われわれが移りゆく時の流れに感じ入ったり、人とのさまざまな出会いに心打たれたりするのも、そこに無限なる働きの何らかの現前を直観すればこそであろう。とすれば、人やものを単に対象として見るだけではなく、心披いて受けとめるときには、生活のほんの身近な場面にも神的な働きが現前していることが感知されよう。思うにこうしたことは、古来のいわゆる否定神学の把握にも通じるのである。ニュッサのグレゴリオスの次の言葉は、否定神学的表現の一つの範となるものであった。

〔神の〕無限の本性は、正確に名を指して把握されるものではなく、概念の一切の力および言葉や名称の一切の表現機能は、たとえそれが偉大で神に敵う内容を有していると見えても、存在そのものを把握するような本性を持っていない。かえって、あたかも何らかの足跡や閃光を出発とするように、把握したものを通して、ある類似によって把握しえぬものを推量しつつ、われわれの言葉は知られざるものに向かうのである。すなわち、神性の香りについてそれと分かるような名前を考えても、言葉の表現によって香りそのものを意味するのではなく、むしろわずかな残り香を神学的な（神を称える）名称によってわれわれは示している。……つまり神性の香油自体は、それが実体・本質（ウーシア）として何であるかに関しては、すべての名称と思惟とを超えている。しかし世界に見られる事柄がすべて「驚くべきもの」として、神を証示する命名の材料を提供しているのであって、そうした驚くべきことを通してわれわれは、知恵ある、力ある、善きもの、聖なるもの、永遠なるもの、裁くもの、救い主といった名称をつけるのである。（『雅歌講話』四一―四二頁）

ちなみに「驚くべきもの」とは原語では「奇蹟」とも訳される言葉であるが、そのことは、われわれの経験するあらゆることが謙遜に受けとめられるなら、すべて驚くべきもの（奇蹟）ともなりうることを意味するであろう[2]。また「香油」や「神性の香り」とは、神・神性を表している。そして右の文章から、次のことを読み取ることができよう。

（ⅰ）神のウーシア（実体・本質）は徹底して超越的なものであり、すべての肯定的表現を否定してくる。

（ⅱ）しかし、神のエネルゲイア（働き、活動）は万物において働き、何らかの仕方で現前している。

こうした「ウーシアとエネルゲイアとの峻別」はアレクサンドリアのクレメンス（教父哲学の祖、一五〇―二一五年）以来のものであるが、カッパドキアの教父たちや擬ディオニュシオス・アレオパギテース（恐らく六世紀はじめの修道者）そして証聖者マクシモスを経て、グレゴリオス・パラマス（一二九六頃―一三五九）にまで連なり、永く東方キリスト教の伝統の思想財となっているのである。[3]

二　脱自的な愛――神の生成・顕現のかたち

これは、先に「愛の傷手」の文脈において多少とも見定めたことである。花婿たる神の「愛の矢」（神的エネルゲイア）に貫かれて神への愛に促された姿自身が、いわば「神の生成・顕現したかたち」なのである。つまり、人間が自己を超えてゆく「脱自的愛」として、神が何らか現出してくると考えられよう。この点、注目すべきは次の表現である。

わたしはこのように、「魂の愛する方」とあなた（神）を名づける。というのも、あなたの名はすべての名に勝り（フィリピ二・七―九）、すべての言語・知性的本性によって言い表すことも包むこともできないからである。それゆえ、「あなたへのわたしの魂の関わり」が、あなたの善性を明らかにする「あなたの名」である。（『雅歌講和』五九頁）

ここに「あなたの名はすべての名に勝り……」とあるが、それは聖書の文脈からして、「受肉し受難し復活したロゴス・キリスト」を示す。この意味では、魂・人間が脱自的に愛するのは、むしろロゴス・キリストであろう。（このことは「ロゴス・キリスト論」において小さからぬ意味を有するが、それを吟味・探究することは後の章に委ねる。）

なお右の引用文において、「あなた（神）へのわたしの魂の関わり」が神の善性をあらわにしているという。つまり、超越的な善性そのものはこの世界のどこにも現れないが、「善性への脱自的愛」が善性の働きを何らか蒙り、それをあらわにする。つまり、「神はそれ自身としては（ウーシアとしては）隠れている」と言わざるをえないが、「神への愛」のうちに、それを成り立たせる「根拠の働き」として現前しているのだ。

そして「神への愛」は、同時にまた（後に問題とするように）、隣人・他者への愛として具体化し顕現してくることとなるのである。

註

（1）「わたしは在る、在らんとする」なる神名（ヤハウェ・エヒイェ）（出エジプト三・一四）を「脱在」（この時間的世界への到来）と解し展開した論として、宮本久雄『ヘブライ的脱在論――アウシュビッツから他者との共生へ』（東京大学出版会、二〇一一年）など一連の著作がある。

（2）ほんの小さな身近な出来事も、それが神の働き・霊（エネルゲイア・プネウマ）によるものとして受けとめられるなら、「驚くべきもの（奇蹟）」となりうる。そして、後に言及するように、たとえば「この小さい者の一人に為したことはわたしに（キリスト）に為したことである」（マタイ二五・四〇）という言葉が、およそ行為の構造を語るものとして、極めて大きな意味射程を有しているのである。（この点については、とくに第一一章「全一的交わり（エクレシア）への道行き」を参照。

（3）グレゴリオス・パラマスにおける「ウーシアとエネルゲイアとの峻別」、そして「創られざるエネルゲイア」などの論点については、とくに大森正樹『エネルゲイアと光の神学――グレゴリオス・パラマス研究』（創文社、二〇〇〇年）を参照。

第五章　エペクタシスの道行き

一　自己超越の論理

モーセは知においてより大なる者となったとき、闇のうちで神を見たと語る。すなわち、すべての知と把握とを超えているかのものこそ、本性上神的なものだということをモーセは覚知するのである。……モーセはあたかも一つの峰から他の峰に移りゆくかのように、高みへの登攀を通してつねに自己よりも高くなる。そのようにして、モーセはついに見られえぬ神の知という内奥の聖所にまで参入せしめられるが、そこに留まることなく、さらには人の手によって造られぬ幕屋に移りゆくのである。（ニュッサのグレゴリオス『モーセの生涯』Ⅱ一六四、一六七）

かの不可視の闇に包まれつつ、以上のような事柄（十戒の受与、神的幕屋、祭司服の定めなど）を神の語りえざる教えによって知らされたモーセは、自己よりもさらに大なる者に自ら成りゆく。そしてその後、モーセは再び闇から出て、同胞のもとに降りてゆくのである。それは、神の顕現においてモーセに啓示された驚くべきことを同胞と分かち合い、諸々の法（ノモス）を授け、さらにはシナイ山で彼に示された範型に従って、聖所と祭司制とを人々のために制定するためであった。（同、Ⅰ五六）

ニュッサのグレゴリオスは旧約聖書「出エジプト記」の記述の基本線を、右のように象徴的かつ哲学的に説き明かしている。まず注目しておくべきは、神への脱自的な超出の道がおのずと、「世界と他者とへの還帰」、「人々との交わり、共同体の成立」をもたらすということである。このことはわれわれ自身の道行きということに照らしても、むろん小さからぬ問題となろうが、それについて今は惜くとしよう。

ここでとりわけ注目すべきは、引用文中、「自己よりも高くなる」とか「さらに大なる者に成りゆく」といった表現に秘められた論理である。というのも、その一見単純な言い方には、「在る」と「成る」（存在と生成）とをめぐる難問が凝縮していると思われるからである。

グレゴリオスの文脈によれば、簡潔に言うなら、「わたし・自己の在ること」の意味は、それ自体として完結せず、かえって「自己よりも大なる者に成りゆく」という生成の相において問い披かれることになろう。言い換えれば、右に示された脱自ないし自己超越（エペクタシス）とは、実体（ウーシア）としての人間・自己が同一のものとして措定された上での、何らか性質変化のようなものではなく、人間という実体、およびその自然・本性（ピュシス）の同一性それ自身が、いわば突き抜けられたような事態であろう。とすれば、そこにあっては、アリストテレスにおける自然学的枠組、つまり通常の主述関係の枠組が、そのままの仕方では機能しえないような根源的な場面が見つめられていると言えよう。

ともあれ、先の「自己よりもさらに大なる者に成りゆく」という表現は、完結した実体としての人間・自己が、何らかの性質変化として「より大になる」ということである以上に、「つねにより大になる」という絶えざる脱自・超出の動的かたちこそが、人間の本来的な姿だということになる。

こうした観点からすれば、一般的な形相や概念は、「全体としての動きや生成を固定的に眺めたもの」、「絵画的な対象」であり、あるいはまた、全一的な動性から、その基本条件を仮に外して「摘み取られた契機」に過ぎない。（なおこれらの言葉は、ベルクソン〔一八五九―一九四一〕の

『創造的進化』に見られるものである。その書に展開されたベルクソンの思索には、広義のヘブライ的動性・ダイナミズムが漲っており、ニュッサのグレゴリオスのエペクタシス論と一脈通じるものがある。）なぜなら、「それ自体として、自らの本性によって在る」のは、グレゴリオスによれば神にのみ固有のことであって、さまざまな思惟的な形相も、根本では可変性と変容とに晒されているからである。それゆえ、「在る、存在するとは、何か」ということがわれわれにとって切実な問題となるとき、つまり「わたしは在る」（エゴー・エイミ、神の名）への与りとその顕現の契機が問われるとき、さまざまな形相の中間的領域、そして対象的な学問知の領域などを、超え出てゆかざるをえないのである。

かくして、「出エジプト記」の記述からして、神の顕現にまみえたモーセが「自己よりもさらに大なる者に成りゆく」とは、その内実を窺うとすれば、「わたしは在る、在らんとする（エゴー・エイミ）」としての神が、この時間的世界に何らか生成し現出してくる動的かたち、エペクタシス（自己超越）のかたちを意味していると考えられよう。そしてそのことは、時と処とを超えて、現代に生きるわれわれにとっても、恐らくは生の道行きにおける一つの範を示しているのである。

ところで、右のような「脱自的な志向、超越」＝「〈わたしは在る〉たる神の生成・顕現」という事態が成立するに際して、不可欠の契機を為しているのが、実は人間の自由・意志の働きであった。そしてそのことには、善の超越性に対する意志の微妙な関わりが存しているのである。ただその点については、前章で少しく述べたところである。そこで以下、「自己よりも大なる者に成りゆく」というくだんの文脈が、ニュッサのグレゴリオスにあってどのように展開してゆくかということを、さらに跡づけておくことにしたい。

二　絶えざる生成

どこへ導かれようとも、そこへと神に聴従することこそが、神を見ることである。実際、神が先導してゆく道筋こそ、従う人間の導きとなる。……神は従ってくる人に対して、わたしの顔はあなたには見えない（創世記四三・三）、つまり「導き手たる者に直面してはならない」と語るのである。……人の取るべき道は全く反対の方向にある。なぜなら、人は善に対して、顔を合わすように善を見ることはなく、ただ善に従うのみだからである。（『モーセの生涯』Ⅱ二五二―二五四）

もし魂の志向・衝動を妨げるものが何も存在しなければ――というのは、善・美（カロン）の自然・本性は、自分に眼差しを向ける者を自分の方へと惹きつけるものなのだから――、魂は天上的な欲求によって、前に在るものに向かって自己を伸展・超出させ〔エペクタシスの意〕、つねに自己よりも高い者に成ってゆく。それは使徒パウロの言う通りであって（フィリピ三・一三）、そうした魂は絶えずより高い方へその飛躍を増大させるのだ。……

すなわち、上方へ向かう欲求が止むことはなく、すでに達成されたものを通して、さらなる飛躍へと緊張をつねに新たにさせる。なぜなら、〔悪しき欲望による働きではなく〕徳（アレテー）に即した働き（エネルゲイア）のみが、労苦することによっていっそう力を養うからである。つまり、働きの結実を生み出すことによってその緊張を弛ませず、かえってそれを増大させるのである。それゆえ、偉大なモーセも絶えずより大なる者に成りゆくのであって、決してその上昇を停止させず、上方への動きに自ら何の限界も設けないと言えよう。

（同、Ⅱ二二五―二二七）

先に少しく見定めたように、人間の自然・本性（ピュシス）はすでに完成したものではなく、「より善きかたち（徳、アレテー）への変容」か、「より悪しきかたち、罪（死性）への落下」かという両方向に、いわばつねに開かれている。それゆえいかなる人も、「自分は完全な境地、悟りに達した」などと言うことはできないのである。

それはともあれ、「より善きかたちの形成ないし変容」が現に生じるためには、確かに「自由・意志の善き働き」が必要である。しかし、それは自力のみでは足りないのだ。すなわち、われわれが現実により善きかたち（徳）を形成し、自らの生の道行きを善きものにしてゆくということは、神的な働き、霊の働きに何らか与ることによってはじめて可能となるであろう。とすればそこには、「神的働きと人間的自由の働きとのある種の協働（シュネルギア）」という事態が認められることになる。

このように見るとき、とりわけ想起されるのは、「わたしを離れては、あなたたちは何も為しえない」（ヨハネ一五・四―五）というイエスの言葉である。これは周知のごとく、有名な「ぶどうの木の喩え」であるが、そこでは「自ら実（徳、善きわざ）を結ぶために、わたしに留まるがよい。……わたしを離れては、あなたたちは何も為しえない」と語られている。ぶどうの木（イエス）から切り離されてしまうと、枝（人間）は枯れてしまうからである。

ここで注意すべきは、何かを「為すこと」と、何らか「善きわざ・働きを為すこと」との微妙な関わりである。つまり、イエス（受肉したロゴス・キリスト）の働きを離れてはわれわれは「何も為しえないという。そしてそれゆえにこそ、そのイエスの働きに聴従することなくしては、何ら「善きわざを為しえない」のだ。これはいわば、「すべての行為の超越的根拠」（神の働き）と、「その具体的な生成・顕現」（人間の善きわざ・行為）との関わりでもあろう。

とすればこのことは、われわれにとって実は切実な根本的問題である。ただここでは、後の吟味・探究（第十章以下）に備えて、単に問題の所在を示唆しておくに留めたい。

さて、人間的自然・本性の開花・成就の道行きは、その基本線として右のように捉えられよう。しかしそれは、有限な時間的存在者たるわれわれにとって、あるとき成就して停止してしまうようなものではありえない。かえってそれは、本来的な姿としては、いわば「絶えざる生成」という性格を有するのである。

これは簡明に言うなら、境遇やなりわいが何であれ、日々ほんの僅かでも前進してゆくことが、人間の本来の姿だということにほかなるまい。そしてこのことは、人種や性別、社会での身分、地位、財産等々とは全く関係がないであろう。また健康か病気であるかということにも、ほとんど左右されないとすら言えよう。

この点、往昔の「砂漠の師父」たちは、透徹した修業の生活を送った人々であるが、時と処とを超えて傾聴すべき言葉をわれわれにも語りかけてくれている。そのほんの一例であるが、たとえば次のように記されている。

三人の者が集まって、一人はよく静寂を守り、一人は病気でありながら感謝し、一人は清い考えで奉仕しているとしよう。そのとき三人は、まさに一つのわざを為しているのである。

（『砂漠の師父の言葉』ポイメン・二九）

これは単純な言葉であるが、そこには次のような洞察が秘められていると思われる。文中、「一つのわざ」とは何なのか。それは恐らく、「神に心披き、謙遜に生きること」だと言えようか。なぜなら、引用文における三人の人々は、それぞれ多様な「生のかたち」を示しているが、三者に共通な「一つのわざ」とは、「心砕かれた謙遜な生」だと考えられるからである。

もとより、その「一つのわざ」には、さまざまな具体的かたち（表現）がありうる。そしてそれらのことを、人それぞれの境遇と身体的条件に応じて為すことによって、われわれは「全体として一なる交わり」（エクレシア、教会の意）に何ほどか参与しうると考えられよう。人の生きる外なる個々のかたちは、むろん多種多様であるが、それらの優劣などに捉われてはならないのだ。

確かに、すべてのことを従容と受け容れることは至難である。しかし、「聖霊によってあなたは神の子を孕んだ」と天使によって告げられたときに、「御言葉の通り成れかし」(ルカ一・三八)と答えた聖母マリアの姿は、恐らくすべての人の範となる姿を指し示しているであろう。

ところで、右に述べた「ただ一つのわざ」、たとえば「神に心抜き謙遜であること」は、限定されたかたちを有してはおらず、いわば無限なるものに開かれている。従って、そうした「ただ一つのこと」は、有限なわざ、行為によって覆い尽くされることなく、どこまで行ってもむろん終極には達しない。

このことは、善の超越性に対する人間的魂の微妙な関わりを示すものであり、本節のはじめに引用した言葉の語り出すところであった。そしてその要点は、無限なる神的働きに眼差しを上げる人は、「前に在るものに向かって自己を伸展させ、つねに自己よりもより高いものに成りゆく」(フィリピ二・一三参照)ということに存した。〔ちなみに、パウロのこの言葉は、後述のように(第七章)アウグスティヌスの時間論にあっても、探究の基本線となるものであった。〕

かくしてニュッサのグレゴリオスにあっては、人間の自然・本性の完成ということが、極めて動的なかたちを有するものとして捉えられることになる。そこでその代表的表現をさらに二、三挙げておこう。

> すべて善への欲求（志向）は、かの登攀へと魂を惹きつけるものであるが、そうした欲求は善へと向かうその道行きにおいて、絶えず自己を超え出てゆく。このような意味合いによれば、真に神を見るとは、その欲求が決して満たされぬことを見出すことにほかならない。しかし人間は、自分に可能な限り見ることによって、さらにより多くを見ようとする欲求を燃えたたせなければならないのである。（『モーセの生涯』Ⅱ・二三八―二三九）

> それゆえ完全な生とは、完全性のある限定されたかたちが、さらなる前進を決して妨げないような生である。つまり、より善きものへと生がつねに増大してゆくことが、魂にとっての完全性への道なのであった。なぜなら、こうした登攀によって自らの生を地上的なものよりも高めてゆく人は、必ずや自己自身よりもつねにより高き者に成りゆくからである。（同、Ⅱ三〇六―三〇七）

> 人間的自然・本性の完全性とは、恐らく善（美）により多く与ることを絶えず意志し志向することに存する。（同、Ⅰ一〇）

ニュッサのグレゴリオスは、右に語られたような自己超越としてのエペクタシスをとりわけ強調している。それはまた、人間の道行きにおける「絶えざる生成」、「不断の創造」という事態を指し示しているのである。

言い換えれば、くだんのエペクタシスとは、無限なる神的存在（ないし神的霊の働き）が、この有限な時間的世界に何らか顕現し受肉してきた（つまり身体化してきた）「動的かたち」であった。してみれば、知られざる超越的な神は、われわれが自らの卑小な姿を神の前に差し出し、「少しずつなりとも自己自身を超えゆく姿として」、あるいは「心砕かれた謙遜な姿とそのわざとして」、かろうじて何らか現れてくると考えられよう。

なお次に、世阿弥（一三六三頃―一四四三頃）の「能楽論」における注目すべき言葉に言及しておきたい。言うまでもなく世阿弥は、日本の文芸史と思想史にあって傑出した存在の一人であるが、その能楽論の要ともなる「幽玄」の把握には、右に述べてきた事柄と不思議に通底するものが認められるからである。

補論一　世阿弥「能楽論」の一考察――「幽玄の成立」における否定の契機をめぐって

少な少なと悪しきことの去るを、よき劫とす。

ただ幽玄ならんとばかり思はば、生涯、幽玄はあるまじきなり。

あらゆる所に、この妙所はあるべし。さて、言はむとすればなし。

無心の位にて、我が心をわれにも隠す安心にて、せぬにてはあるべからず。これすなはち、万能を一心にてつなぐ感力なり。（能楽論「花鏡」より）

世阿弥「能楽論」の「花鏡」中の言葉である。（日本古典文学大系、『歌論集、能楽論集』（岩波書店、昭和三六年）より。文字表記を少し改めた。）本節でとくに注目したいのは、はじめの言葉である。

あらかじめ一言で言っておくとすれば、「幽玄」なり「花の成就」なりは――それは「妙所」という言葉でも示されようが――、客観的・対象的に「どこかに在るもの」ではなく、能のわざと修業において「少しずつなりとも悪しきこと、至らぬ姿を否定してゆく」ということそれ自身だと喝破されているのである。してみれば、幽玄とはいわば、「絶えざる生成」という「動的かたち」としてかろうじて現出すると言えるかもしれない。

それはともあれ以下、「幽玄の成立」に潜む「否定の契機」をめぐって、いささか考察してみたいと思う。


幽玄について世阿弥は確かに、「諸道・諸事において幽玄なるを以て上果とせり」と言う。和歌や連歌で尊重されていた幽玄を世阿弥も「能」の最上の姿としているのである。

しかし、引用文に見られるように、世阿弥は幽玄という姿を、必ずしも「客体的に存在するものとは捉えていない。つまり、「あらゆるところにこの妙所は（また幽玄は）あるべし。さて、言わむとすればなし」と微妙な言い方をしている。それは、「幽玄が客体的に対象的に知られるものではないこと」、それゆえ「単に客体的に在るものではないこと」を意味しよう。

世阿弥のそうした表現は、ありきたりの学的分析や思考をなみするかのような力を秘めている。世阿弥はまた、能のわざの向上を志すすべての人に対して、「ただ幽玄ならんと思はば、生涯、幽玄はあるまじきなり」と、手厳しい言葉を発している。これは能の修業者に対してだけではなく、能というものを何らか学的に、また対象的に捉えようとする研究者に対しても、ある種の断念ないし「心の大方の全面的転回」を要求する言葉であろう。

しかしそれにしても「幽玄とはそもそも何なのか」。恐らく世阿弥は、直接の分析や思考がある意味で破綻するところを見ているのであろう。そればかりか、能の諸々のわざであれ修業であれ、それを為す自己自身が一度び無化せしめられるかのような境位を指し示していると思われる。引用文のはじめの言葉は、そうした全面的転回の境位を否定の契機を介して、いわば間接的に浮彫にしている。つまり、「少な少なと悪しきことの去るを、よき劫とす」という表現である。

それは恐らく、「自分の能のわざ、修業の姿をつねに反省せよ」といったことを教えているだけではあるまい。なぜならその表現には、いわば、「否定」と「比較」と「可能」を示す語が隠されており、その全体が相俟って、能の実践者の（そしてすべての人間の）「よき劫」（よき能（「善く在ること」））の成立の機微が、間接的に指し示されているからである。

すなわち、「よき劫」、「よき能」（ひいては幽玄）は、直接無謀介に対象として知られえず、また成就・達成されうるものではない。かえってそれは、「悪しきこと」（悪しき劫）が少な少なと否定されることを介して、かろうじて間接的に現出してくるほかはないであろう。

しかしそれにしても、そうした「より善き劫」（より善きわざ、より善く在ること）は、一体何によって成立してくるのか。明らかにそれは、自力のみによるのではない。従って世阿弥は、引用文の最後の文章で次のように語っている。

> 無心の位にて、我が心をわれにも隠す安心にて、せぬにてはあるべからず。これすなわち、万能を一心にてつなぐ感力なり。

同様にまた、「かえすがえす、心を糸にして、人に知らせずして、万能をつなぐべし。かくのごとくならば能の命あるべし」（四二八頁）、「老後の初心（至らぬ姿）を忘れずべからずとは命には限りあり、能には果あるべからず」（四三七頁）などとある。

これらは、能を語る人々によってよく引かれる言葉であり、意味深長である。ただ、本書においては、既述のこととの関連から次のことに注目しておきたい。すなわちそれらが「歌舞とは如来蔵より出来せり」という文脈に続いて語られていることである。「能が神代にはじまる」とも言われる。

「如来蔵」という言葉に思いを潜めるとき、幽玄の意味が、いわば二つの位相に分かれ、次のように微妙な仕方で関与していることが窺われよう。

(i)「真の幽玄」は「造化の妙の働き」が宿った姿として、「無限なるもの、対象的に知られざるもの」と言わざるをえない。

(ii) しかしそれは、「少な少なと悪しきことの去ること」を成り立たしめる働きとして、その都度の具体的な能のわざにおいて有限なかたちとして現出してくるであろう。

つまり、「真の幽玄」はただ、「それ在り」と指し示される無限なるものであろう。が、その都度の「限りある幽玄」は、「真の幽玄」ないし「如来蔵」――それは、「阿弥陀仏」、「大日如来」、「天」などの言葉によっても指し示されようが――の働き・活動を、心抜いて受容し、何ほどか宿した姿であろう。しかしそれは、その都度「自己自身を超えさせられること」によって、かろうじて成立してくるほかはない。

ちなみに、「如来蔵」という言葉によって「造化の妙」が指し示されているであろうが、その現存する働きとの原初的出会いの姿を、世阿弥は次のように語り出している。すなわち、「また面白き位より上に、心にも覚えず、〈あっ〉といふ重あるべし。これは感なり」とある。これは世阿弥の言う「序破急」という段階の「序」を、つまりはじめの「根源的出会い」を意味していると思われる。

そのとき、「世阿弥もその範型的師たる「観阿弥」も、「語りえざる幽玄」の現前に出会ったのであろう。「根源の受動性」ないし「身心脱落」のような否定性がそこに漲っており、それは「能」の原初的発動・成立でもある。

そして「破」とは、そうしたかたちなき「根源の出会い」を礎として、それがさまざまな人、さまざまなものとの多様な関わりを素材とし身体として、具体的な能（揺曲）のうちに形象化され展開されたかたちでもあろう。

そうした「破」の根本的特徴は、すでに示唆したように、（i）「絶えざる動性」としてまた「自己変容」として現出する。（ii）それは固定した停止、「住劫」をなみする否定の調べを旨とする。しかしさらには、能の個々の現れが、いわばその都度「序」たる「本源」に関与してゆく「全一的」かつ、「絶えざる生成」という性格を有する。

従って、それら全体の終極としての「急」は、改めてつねに、原初的・根源的出会い――造化の妙、如来蔵の働き――へと開かれそれぞれを象徴として「指し示すもの」となろう。

世阿弥は、日本の文芸史・思想上史の一つの精華であり、ほとんど奇蹟に近い存在であろう。

能・謡曲の諸作品が、能楽論が、そして世阿弥その人が、「能の顕現と開花」、「幽玄の成立」の道行きを証示している。それとともに、世阿弥の言葉は、すべての人間が造化の根源的働きと何ほどか出会い、自己を器とし身体としてその生成・顕現に与りうることを証示している。

してみれば、「能」とは「その可能性」を、そして「不断の自己変容による開花、成就の道行き」を、見事に指し示し証示しているものと考えられよう。

秋冬山水図　雪舟　15-16世紀

第六章　身体の問題

魂の生成（ゲネシス、創造）は、諸々の身体（物体）的なもののように基体としてある質料から生じるものではなく、神の意志によって生命の霊（プネウマ）が吹き込まれることによって生じる（創世記二・七）。……そこにあって魂は、身体との同時的な結合によって「在ること」を捉え、一人の人間の成立（完成）へと導かれる。その際、身体は明らかに基体としてある質料（素材）から、魂との結合に従って〔魂の生成と〕同時的に生成するのである。

（証聖者マクシモス『難問集―東方教父の伝統の精華』、邦訳三二一―三二三頁）

この言葉は、魂と身体との「それぞれの成立の意味」と「両者の結合による人間の成立」とを明晰に語り出したものである。そしてそれは、われわれが抱いている常識的な思いを、いわば根底から突き崩してくるであろう。

というのも、誰しもふつうは「自分は身体を持っている」と思っているであろうが、身体とは恐らく単なる所有物ではないからだ。実際、「身体を持っている（と思っている）自分（魂なら魂）」と「持たれている身体（ないし肉体）」との関わりはいかなるものか、と改めて問われるなら、それはなかなかむづかしい問題となる。

この点、たとえば、G・マルセル（一八八九―一九七三）という哲学者は、「自己と所有」ということに思いを潜め、「わたしはわたしの身体である」として、問いを深め吟味していった。それはいわゆる「心身二元論」（精神と身体との分離・独立）を標榜するデカルト流の論の、多分に一面的で逸脱した捉え方を批判し乗り越えようとするものであった(1)。

しかもそれは、「イエス・キリストの託身（受肉）の神秘」を、身体的存在者たる自己が在らしめられていることの意味と根拠とに関わることとして問い披く試みであった。マルセルが自らの思索を、「存在論的神秘への接近」と呼ぶゆえんである。

ところで今日、自然科学がある種の普遍性を標榜していることに何となく同調して、「物質と精神（魂）との二元的把握」がわれわれの常識のうちに入り込んでいる。しかし、簡明に言っておくとすれば、自然科学は基本的に物質（ないし物質的要素）の探究を旨としており、自らが設定した領域内での「いわば仮初の普遍性」を有しているに過ぎない。つまり、心、精神、魂等々の普遍的かつ言語的探究は、自然科学にあってははじめから除外されているのである。（ちなみに、実証性、客観性などをいたずらに尊ぶような学的営みも、同様の性格を有しているであろう。）

なお、自然科学とは一見対極的な往時のグノーシス主義に言及しておこう。あらかじめ言えば、両者には根底で通じ合っているものが認められるからである。

グノーシス主義は、「魂は端的に善であり、身体（物体）は悪である」といった善悪二元論的な教説を主張する。エイレナイオス（二世紀後半）やアレクサンドリアのクレメンス（一五〇—二一五頃）といった初期の教父たちは、グノーシス主義が旧・新約聖書の思想伝統とは相容れない誤謬を含むとして、それぞれの仕方で徹底して論駁していった。

ここで注意しておくべきは、自然科学的な心身二元論とグノーシス主義とは確かに全く対極的な捉え方であるが、不思議に通底しているということである。[2] ともあれ、改めて「人間の魂とは純粋に善なるものとして、身体を離れて自存しているものなのか」と問わなければなるまい。そこで以下、魂と身体との関わりを、教父の古典的文脈に即して見定めておきたい。

一　魂と身体との同時的生成

これは、証聖者マクシモスの人間論、身体論の標語ともなりうる言葉である。そして本章のはじめに掲げた引用文は、その具体的内容を正確に語り出したものである。

そこにあって、とくに「生成」という言葉が際立っている。すなわちマクシモスの論述の全体において、「実体・本質（ウーシア）の意味（ロゴス）」と「生成（ゲネシス）の方式」とが峻別されている。

今問題となっている事柄としては、魂や身体の「無時間的な意味」はそれぞれに固有なものであって、両者は全く異なる。しかし、両者が何らかの仕方で結合して「人間」がこの時間的世界に生成・誕生するときには、「魂と身体とは同時的に生成してくる」とされている。つまりマクシモスの眼差しは、無時間的な論理あるいは「形相間の関係」にではなく、主としてこの時間的世界における「生成（ゲネシス、創造）」の場面に注がれていたのである。

それゆえ、たとえば「魂という形相（本質）はそれ自体として在る」などとは決して言われない。はじめの引用文に見られるように、時間的世界において「魂が生成するとき」、魂ははじめて「在ること」（存在）を得てくるとされているのである。この点、基本的観点がたとえばプラトンとはかなり異なる。つまり、証聖者マクシモスにあって、またヘブライ・キリスト教と教父たちの「愛智＝哲学」にあっては、いわば無時間的な形相主義・本質主義は退けられていると言えよう。

そこで次に、さらなる探究の一つの指針となるマクシモスの言葉を挙げておく。それは人間的自然・本性の生成の機微を、形相の考察を通して明らかにしている。

> 形相（エイドス）に即した〔人間としての〕全体の完成（生成）は、あるものに対する他のものの結合に際しての、単に受動（パトス）によるのではなく、また諸々の部分（要素的なもの）の自然・本性的な力によるのでもない。かえって人間の生成・誕生とは、魂と身体との結合によって人間の形相が全体として同時に生成することなのだ。実際、〔人間の形相はもとより〕いかなる形相にあっても、滅びなしにある形相から別の形相に変化することはありえないのである。（『難問集──東方教父の伝統の清華』、邦訳八二頁）

この一文は、人間の形相（エイドス）の生成についてその意味と構造を正確に語っていると思われる。それゆえ、たとえばダーウィン流の進化論は退けられることになる。なぜならダーウィンにあっては、生命体における物質的・身体的要素の連続ばかりが見つめられており、その上で諸々の種（形相）の変化と生成が語られているからである。それは多分に表層的な捉え方であろう。

ところでマクシモスは、現実の人間にあって「魂と身体とが関係性においてあること」を注視している。そして、関係的にあるものは、その生成に際して、同時に全体的に在るという。つまり、魂と身体とは、人間の部分として現実には「互いに時間的に先在したり、後に別々に存在したりすることはできない。」なぜなら、そのようなことを言えば、「関係のロゴス（意味）」が廃棄されるからである（『難問集』、邦訳八一頁）。

そこで魂と身体との関係について、次のように言われる。魂は非身体的なものであって、身体の全体に渡って全体として偏在し、身体に生きることと動くこととを与えている。魂とはそうした「働きの名」であって、単に「もの化」して対象的に捉えてはならないのである。

右に少しく見定めた「魂と身体との同時的生成」という事態は、心身問題の中心的場面に関わることであった。そうした捉え方は、歴史的背景としては、往時六、七世紀にかなり勢力のあったオリゲネス主義がいわゆる「魂の先在説」を主張していたことに対する論駁という性格を有している。

それはまた、いっそう大きな観点からすれば、たとえばプラトンの『パイドン』などに語られていたような古代ギリシア的魂（霊魂）観に対する、一つの応答・挑戦でもあったのである。基本的なことを確認しておくと証聖者マクシモスは、人間的な魂あるいは形相（エイドス）というものを、古代ギリシア的伝統におけるよりも遥かに動的な構造のもとに捉えていた。すなわち魂は、現に在るわれわれにとって、すでに完成した実体（ウーシア）としてそれだけで存在しているのではなく、自然・本性的に身体と結合してはじめて「在ること」を得て、この時間的世界に生成してくるという。しかも、両者の結合体としての人間の自然・本性は、無限なるもの、神的・超越的なものへと徹底して開かれているのである。

ところで、もし魂が先在し、また端的に善で神性を保持しているのなら、魂は死ぬことがない。そして身体のうちに入った魂は、人間が死ぬとき身体から離れ、不死なるものとして存在することになろう。こうした類いの捉え方は魂というものの尊厳を唱うと思われるかもしれないが、一つの根本的な難点を抱えている。つまり、そこにあって「人間」、「私・自己」という言葉が何を指し示しているのかということが、不分明なままなのだ。「善なる魂」（たとえばマニ教の言う「真我」）はこの生身の「わたし・自己」が死んでも不死だなどと主張されるとき、その「自己」という言葉の内実が、なおも問われなければなるまい。

さらにはまた、不死なる魂を人間が有しているとすれば、われわれは自然・本性的に完成していることになろうが、その場合は「より善くなり、より善く生きるための意志的な努力とわざ、そして祈りなども」何ら必要ではなくなってしまう。しかし、それではいかにも奇妙であり、そこにはいわば「仮初の自己」に閉じこもり開き直ったかのような傲慢な生活態度が生じよう。しかもそうした傲りからは、多くの場合、さまざまな事物への執着と虚栄、あるいは快楽を求める姿が生じてくる。なぜなら、「自分はすでにして善なる魂と自己を保持しており、外なるわざ・行為によって影響を受けない」などと思い込んでいるからである。なお、いたずらにニヒリズムを主張する場合も、事態はほぼ同様であろう。

二　身体ないし身体性の意味

右に述べたように証聖者マクシモスは、「魂のみの先在」や「死後における魂の身体を離れた存続」などの教説を否定し、この時間的世界における「魂と身体との同時的生成」を語っている。ただ、そうした論の眼目は、人間の誕生以前や死後の状態を単に想像して反論するというようなことにあるのではなく、現に在るわれわれ自身の自己把握そのものを明らかにすることに存するであろう。そしてとりわけ、魂と身体との何らかの結合体たるわれわれが、いわば第二の誕生に向かって開かれ（ヨハネ三・三―七など）、自然・本性として変容可能性を有していることが見つめられていたのである。

というのも、われわれが自由・意志によって「いかに意志し何を為すかということによって、「わたし・自己」は「存在のかたち」に何らかの変容を蒙るからである。このことは既述のごとく、とくにニュッサのグレゴリオスの深く洞察するところであったが、マクシモスもその基本線を踏襲しているのである。

実際、われわれの自由な意志と行為は、自らにおける「存在のかたち」の新たな形成（生成）に深く関わっている。もとよりそこには、知られざる超越的根拠の働き――それは「神」、「大日如来」、「阿弥陀仏」、そして「天」などの言葉によって指し示されようが――との、微妙な協働（シュネルギア）という事態が潜んでいることはすでに述べた通りである。ともあれ、身体という言葉は、単に人間の肢体という自明なものである以上に、われわれが「自らの自然・本性（ないし形相）の開花か、非存在への落下（罪）か」という両方向への変容可能性を有していることを何らか担う何ものかであろう。

あるいは、より簡明に言えば、われわれがそうした変容可能性を有していることを、「広義の身体性」と呼ぶことができよう。

さてそこで、この時間的世界に人間が生成・誕生してくることの機微を思うとき、身体ないし身体性の重層的な意味は一つのまとめとして次のように捉えられよう。

（ⅰ）人間の生成、そして魂と身体との同時的生成にあって、身体は質料ないし場としての役割を担う。それゆえにまた、さまざまな具体的なわざ・行為の成立に、身体は質料、素材という意味を持つ。

（ⅱ）個々の行為の形（形相）は、「善そのもの」（究極目的ないし神）に対するわれわれの関わりを直接に示しているのではなく、むしろ「善へのわれわれの関わり」を宿し具体化させるような、「広義の身体、質料」なのである。

（ⅲ）総じて言えば、人間的自然・本性というものは「善く意志すること」を介して――実はその成立根拠への問いが最もむづかしいのだが、その吟味・探究は最終章に委ねる――、

「神の生成・顕現」のための、また「神化（神的生命への与り）」のための身体となり場ともなりうると考えられよう。

三　アウグスティヌスの身体論

アウグスティヌスは『三位一体論』の第一〇巻以降で、精確な身体論を展開している。それは右に扱った証聖者マクシモスの論と文脈とは異なるが、同根源的なものであって軸を一にしていると思われる。それゆえ次に、アウグスティヌスの身体論のさわりとなる部分に言及しておこう。

アウグスティヌスは「精神の自己知」をめぐる一連の考察の終りの方で、「精神のさまざまな働き」と「その基体と思われるもの」との関わりについて次のように見定めている。それは実は、「懐疑論批判」として語られている言葉であった。

精神の生き、想起し、知解し、意志し、知り、判断するといった力が、はたして空気、火、脳、血、原子であるのか、それともふつう要素と言われるものとは別の、わたしが知らない第五の物体であるのか、あるいはまた、われわれの肉体〔身体〕自身の結合ないし調和が右のような働きを生じさせたのか、古来人々は疑念を抱きさまざまに主張した。……しかし、ほかならぬ自己が生き、記憶し、知り、判断していること自体を、一体誰が疑うであろうか。なぜなら、疑っている者は確かに生きている。……またなぜ疑うかを記憶し、自分が疑っていることを知解している。……かくして他のことについて疑う人も、精神のこうした働きについては〔確かであって〕疑うべきではない。というのも、そうした働きが存在しなければ、疑うということすらできないからである。〔『三位一体論』第一〇巻第一〇章第一四節〕

なお『神の国』第一一巻第二六節にも同様の表現が見られるが、それは、われわれのうちなる「神の三位一体の似像」の発見であるとともに、その根拠たる神への立ち帰り〔還帰〕を促すものであった。

ところで、アウグスティヌスは右の引用文を敷衍し〔途中まではデカルト『方法序説』の論と近いものであるが〕、心身問題のまさに要となると思われることを、続いて次のように語っている。

精神が物体（物質）であるとか、物体の複合ないし調和であるとか思いなす人々は、精神の「生き、記憶し、知解し、意志する」といったすべての働きが、基体（smbietum）のうちに存すると看做そうとしている。すなわち、空気や火や、その他彼らが精神だと思いなす何らかの物体は実体（stantia）だとし、他方、知解などはそうした基体のうちなるものと看做されている……。この点について、精神そのものが物体であることを否定するが、物体の複合ないし調和だとする人々も、同様の意見を抱いていることになろう。（同第一〇巻第一〇章第一五節）

してみれば、「基体（何であれ物体的なもの）」と「そのうちなるもの（性質など）」との関わりとして、「身体（物体）と魂」を捉えることは、身体を生かしている「魂ないし精神の働き」を見落としていることになろう。それゆえ、右のようなアウグスティヌスの言葉は、およそ心身問題に関して傾聴すべきものであろう。恐らく、西欧近代以降の自然科学や、デカルトをはじめとして、それを一つの範とする思想とそこでの心身論は、最も基本的なことについて一つの難点を抱えていると思われる。

一言で言うなら、アウグスティヌスの精緻な考察は、すべてわれわれが有している「魂・精神」を真に発見し——いたずらに物体的なものや、その複合ないし調和などに引きずり落とすことなく——、しかもその成立根拠を問いたずねるものであった。従ってそれは、既述の証聖者マクシモスの論述と同根源的なものと考えられるのである。

註

（1） G・マルセルは『存在と所有』（渡辺秀・広瀬京一郎訳、理想社、昭和四二年）中の「形而上学的日記」において、われわれが「身体（ないし肉体）を所有する」とふつう言われる、その「自己の在ること」をめぐって反省し考察している。その際、「わたしはわたしの身体である」という表現が一つの指標となる。そして、「イエス・キリストの託身（受肉）の神秘」を、単に対象化された教理として捉えるのではなく、「身体的存在者たる自己が在ること」の意味と根拠を問い披こうとしているのである。

（2） この点、H・ヨナス『グノーシスの宗教——異邦の神の福音とキリスト教の端緒』（秋山さと子・入江良平訳、人文書院、一九八六年）の最終章に、うがった考察が見られる。ちなみにJ・メイエンドルフによれば、自然科学的知というものは、無限性——それは「神の名」でもあるが——に開かれた「自然・本性のダイナミズム」を離れており、創造の究極の意味（志向するところ）を無視している点、危険な傾きを含んでいる。J. Meyandorff, Byzantine Theology, Historical Trends and Doctrinal Themes, Ferdham University Prsee, 1974, pp.133-134.（『ビザンティン神学——歴史的傾向と教理的主題』（鈴木浩訳、新教出版社、二〇〇九年）

第七章　時間と志向

――精神の発見――

時間とは何か。もし誰もわたしにたずねないなら、わたしは知っている。しかし、たずね求める人に改めて説明しようとすると、わたしは知らない。

（『告白』第一一巻第一四章第一七節）

〔こうした考察の結果〕次のことは明瞭であり、疑いを容れない。すなわち、未来も過去も存在せず、また本来は、過去、現在、未来という三つの時間が存在するとも言えない。正確には恐らく、「過去についての現在」、「現在についての現在」、「未来についての現在」という三つの時間が存在すると言うべきであろう。だが実際、これらのものは魂のうちに何らか存在し、魂以外のどこにも見出すことができない。そしてここに、過去についての現在とは「記憶」であり、現在についての現在とは、「直観」であり、未来についての現在とは「期待」なのである。（同、第一一巻第二〇章第二六節）

一　「精神の延長」としての時間

はじめの引用文は、アウグスティヌスが有名な時間論を展開するに際して発した、よく知られている言葉である。それは、時間という「われわれにとって逃れがたいもの」、あるいは「われわれ自身ですらあるもの」について、率直に不知を表明したくだりであった。

同様のことは、時間という言葉の代わりに、「存在」、「善」、「神」、「自己」そして「信仰」、「愛」等々の言葉を入れても成り立つであろう。既述のように、われわれはそうした根源語のいずれに対しても、いわば「知と不知との間」においてある。そして恐らく、それらについての問題は最も根源的なものであるだけに通底しており、すべては「わたし・自己」、そして「人間」という存在者の謎・神秘に関わっていると考えられよう。

あらかじめ言っておくとすれば、アウグスティヌスの時間論はそのことの探究に関わり、そしてさらに「原初的出会いの経験」に淵源しているであろう。

それはともあれ、アウグスティヌスは、「はじめに神は天と地とを創造した」（創世記一・一）

という表現の中の、「はじめにとはそもそも何なのか」という問いを、まずは問題の全体を問い披いてゆく手がかりとしている。そして先に挙げた第二の引用文は、時間というものの意味を吟味してゆく過程で、一つの中間的結論として語り出された言葉であった。つまり、「はじめ」というラテン語（principium）は「根拠」とも訳しうる言葉であるが、探究が進むに従って、「はじめ」とはいわゆる時間軸上の大昔の一時点ではないことが、あらわにされてゆくのである。

そこで、そのことにまず言及しておこう。現代の宇宙物理学の知見では、この宇宙（世界）は一三八億年ばかり前にビッグバンなる大爆発によって始まったという。それは物理学的推論によって導かれたことであるが、そこには一つの根本的な謎が残されている[1]。アウグスティヌスはまさにその点を簡明に問い質している。つまり、過去の一時点で宇宙が始まったとしても、「それ以前にも時間は流れているのか。変化するもの（存在物）が何もないのに、変化の関数たる時間があるとするのは矛盾である。そして変化するものが何もないのなら永遠と言うべきであろう」というわけである。

それゆえアウグスティヌスは、「神は永遠をも創った」と差し当たり語る。しかし、本章の最初に挙げた引用文は、まさにそこにおいて不知を表明していたのだ。「時間とは何かとたずねられないなら、わたしは知っている。たずねられて改めて説明しようとすると、わたしは知らない」と。

実はそこからアウグスティヌスは、改めて徹底した意味論的考察に取りかかり、「記憶・直観・期待」としての有名な時間把握を導き出してゆくのである。次の文章は、その一連の推論のはじめの部分である。

もし何ものも過ぎ去らなければ、「過去」という時間は存在せず、何ものも到来しなければ「未来」という時間は存在せず、そして何ものも存在しなければ「現在」という時間は存在しない。では、過去は〔その字義からして〕「もはや存在しないもの」であり、未来は「未だ存在しないもの」であるのなら、過去と未来とはいったいいかなる仕方で存在するのか。また現在にしても、それがつねに存在していて過去へと移りゆかないなら、もはや時間ではなく永遠であることになろう。……そこで現在にとってそれが存在するゆえんは、それが〔過去へと移りゆき〕「存在しないであろう」からだとすれば、「現在が存在する」とどうして言えようか。(『告白』第一一巻第一四章第一七節)

これは誰しも納得するほかない精確な意味分析であろう。ただわれわれは、「長い時間」とか「短い時間」ということを口にする。しかし一日、一年そして千年などという一まとまりの時間と看做されるものも、そのまま現存しているものではありえず、無際限に分割されよう。それゆえ実のところ、いかなる「時の間」も果てしなく縮小し、ついにはなくなってしまうかに見える。

しかしアウグスティヌスは、このようにすべてが無に帰してしまうかのような場にあって、われわれが何らか存在に関与してゆくための一つの橋頭堡を見出す。そこで注意すべきは、過ぎ去ったことを回想したり、未だ来たらぬことを期待したり不安になったりするとき、それらはある意味で「現存するもの」に関わっているということである。本章のはじめに引用した「記憶・直観・期待」としての時間が語り出されたのは、まさにここにおいてであった。

そこでアウグスティヌスは、次のような微妙な言い方によってではあるが、時間についての著名な定義を提示するのである。

> かくして時間とは、延長（拡がり）以外の何ものでもないと思われる。しかし一体いかなるものの延長であるのか、わたしは知らない。が、もし時間が「精神の延長」distentio animi）でないなら不思議である。（『告白』第一一巻第二六章第三三節）

このようにして「精神の延長・拡がり」としての時間が見出され言語化される。これは一見不思議な表現とも思われようが、実はすべてわれわれがほとんど無意識のうちに感じていることを明確に捉えたものであろう。

というのも、人はそれぞれの多様な生の歩みにおいてさまざまなことを経験し、それらを記憶に留める。もとより実際の出来事としては、すべてのことは過ぎ去ってしまいもはや見えないものであるが、それぞれの人の生を、そして人そのものを何らか形成していると言えよう。

してみれば、右に「精神の延長」と見定められた時間とは、言い換えればさまざまな「思い出の重なり」、「経験の厚み」でもあろう。そしてこのことは、ある意味で「精神の発見」でもあったのである。

ところで、こうしたアウグスティヌスの時間把握を「心理学的時間」と評する向きもある。その他に物理学的時間、生物学的時間、社会学的時間などがあるというわけであるが、それは多分に表層的な見方であろう。なぜならアウグスティヌスは、普遍的な意味論的な探究のおのずと導くところ、ただ一つの時間を語り出しているからである。

このように見出されてきた「精神の延長」とは、片時も同一性を保つことのない可変的世界にあって、何らか現存する延長と持続が見出された姿でもある。それはもの・事物にいわば先行し、ものの在ることを支える実在的なものであって、すべてが移りゆく中でなおも現存するものと言えよう。

ちなみに、時間の単位を決めるために、たとえば太陽の運行等々を測るという際、「何らか「現存する拡がり」が測られてこそ、太陽の運行なども測られうる。この意味で、「精神の延長」という現存するものは、通常の時間単位が成立しうる根拠であり、範型たる時間とも言えよう。

ともあれ、「精神の延長」としての時間は、もはや固定した客体的対象ではない。すなわち、「記憶・直観・期待」、およびその全体としての「精神の延長・拡がり」としての時間は、精神ないし心に刻印された静止した像ではありえず、全体として「動的かたち」であり、「一つの志向性」だと考えられよう。それはいわば「われわれ自身でもある時間」であるが、超越的なるもの、無限なるものに徹底して開かれているのである。

二　精神の志向的かたち

「精神の延長」（時間）というものは、既述のことからして「期待し、直観し、記憶する。そして精神（ないし心）が期待するものは、直観するものを通して記憶するものへと移ってゆく。」ただ、「延長・拡がり」（distentio）という語は「分散」という意味でもある。それゆえ「精神の延長」は実際には多数性を抱えたものであって、真に一なるものとして存在していない。それゆえ、「精神の働きの生命は、記憶の方向と期待の方向との二つに分散する」とも言われている。

その言葉は、われわれの日常の姿を言い当てていると思われる。しかし、アウグスティヌスは『告白』第一一巻の最後に、人間の精神の本来的な姿を観想し、「精神・自己の成立」に関わる動的かつ自己超越的な構造を、次のように極めて集約的に語り出している。

（i）あなた（神）の憐れみは諸々の生に勝るがゆえに、見よ、わたしの生は分散ではあるが、あなたの右手（ロゴス・キリスト）はわたしを捉え、存在へともたらした。すなわち、一なるあなたと多なるわれわれ――多の中で、多を通して分散しているわれわれ――との仲介者たる人の子、わが主において、わたしを支え存立させた。

（ii）それは、今わたしが「そのうちに捉えられているその方（キリスト）」を、わたし自身が捉えるためである。さらにはまた、一なる方を追い求めつつ、そのことによってわたしが古き日々より一へと取り集められるためである。

（iii）その際わたしは、過去のものを忘れ、未だ来たらぬものや過ぎ去りゆくものを忘れ、未だ来たらぬものや過ぎ去りゆくものに分散することなく、まさに「先に在るもの」に向かって、分散せずに超出してゆき、天国の召命という褒美を得ようとして、分散によらず志向によって追究するのだ。

（iv）そこにおいてわたしは讃美の声を聞き、来ることも過ぎ去ることもないあなたの喜びを観想することであろう。しかし今はなお、わたしの年々は嘆きのうちにあり、あなたこそがわたしの慰め、わたしの永遠の父である。（『告白』第一一巻第二九章第三九―四〇節）

この文章には、アウグスティヌスの時間論の要となることが見事に記されている。そしてそれは、哲学・神学的な人間探究と神探究との基本を示すものでもあった。そこで以下、本章での論述の一つのまとめとして、右の引用文の言葉をやや敷衍しつつ、多少とも解釈を加えてゆくことにしよう。

（i）　時間が「精神の延長」であり、われわれの生が「分散かつ延長」であるのなら、時間とは「人間の生そのもの」でもあろう。それゆえ、人間や他の存在物が単に「時間のうちに在る」という通常の捉え方は、むしろ二次的・対象的な構図であろう。ただわれわれの生にしても、感覚、思惟、欲求などあらゆる面で多数性が伴っており、「真に一である」（つまり「真に存在している」）とは言い難い。

しかし他方、われわれが「わたし・自己」という言葉を発しうる限りでは、「一なるもの」に与りゆくべく招かれているのである。なおこうした文脈の根底において、かつてシナイ山でモーセに啓示された神・ヤハウェの名、「わたしは在る」が、つねに想起され見つめられていること、言うまでもない。

（ii）では、われわれが、「在りかつ在らぬ」ような存在様式を抱えつつ、さらに「より善く在ること（存在）」に成りうるのは、いかなる仕方によってであろうか。この問いに対してアウグスティヌスは、ある種の自己還帰的な道をわれわれの成りゆくべき本来的な道行きとして示している。すなわちわれわれは、「自分が捉えられているその方（ロゴス・キリスト）を、改めて自らがその方を通して捉えようとする」という。

なぜなら、すべて人間は完結した存在物として創造されたのではなく、自由・意志による択びを介して「新しい存在に成りゆくこと」、「より善く在ること」を形成してゆく可能性を与えられているからである。（ただしそこには、既述のごとく、悪しく意志し根拠たる神に背反する可能性もつねに存した。）

従って、アウグスティヌスの文脈にあって、創造の「根拠」（はじめ）は同時にまた、その「目的」でもあると捉えられている。しかしそこでの還帰とは、単に無意味な円環ではない。つまり、「人間が神の似像（似姿）に即して創られた」（創世記一・二六）ということは、先の引用文にあるように、根拠（神の言葉・ロゴス）への意志的な還帰という時間的展開によって、はじめて現実に生起しうると考えられよう。そしてその際、自由・意志による悪や罪を否定し浄化するという契機が、不可欠のものとして介在しているのである。

この点に関してアウグスティヌスは、「一なる方（神）を追い求めつつ、そのことによって一へと取り集められる」と言っている。ここに「取り集められる」とは、人やものに対する執着や欲望によって分散していた古い在り方から転回せしめられ、一性（神性）に与るよう再生させられることを意味した。それゆえ、「一なるものを志向する」とは、多ないし多数性への分散という欲望的な在り様が否定されることとして生じるほかないのである。

（iii）そこで引用文には、「過去のものを忘れ、未だ来たらぬものや過ぎ去りゆくものに分散することなく、まさに先に在るものに向かって、分散せずに超出してゆき……分散によらず志向によって追究する」とある。これはむろん、「フィリピ三・一三―一四」を解釈した言葉である。ちなみにニュッサのグレゴリオスも、エペクタシス（自己超越）や絶えざる生成を語るとき、パウロのその箇所を主な典拠としていた。

また引用文の中で、「まさに先に在るもの」とは、単に未来のことではなく、「真に在るもの」（神的なもの）のことであろう。つまり、それに向かってつねに自己自身を超えて志向してゆくという姿（エペクタシス）が、時間の探究の終極のことと語られているのである。

今一つ注目すべきは、先の引用文で用いられている動詞の時制である。すなわち、「神の右手（ロゴス・キリストの働き）がわたしを捉えた」とは、完了形で語られている。そして「過去のものを忘れ……先に在るものに向かって分散せずに超出してゆき、志向によって追究する」とあるのは現在形で語られている。つまり、そのことが根源の記憶による「志向的かたち」として、現に在るのである。してみれば、精神の分散が志向へと変容してゆくのだが、「真に在るもの」（神的なもの）への「精神の志向」（intentio animi）こそ、時間の本義だと言えよう。

しかしその際、そうした志向の目的となるのは、「今わたしがそのうちに捉えられているその方（キリスト）を、わたし自身がその方を通して捉えんがためであり」、「あなたの喜びを観想するため」であった。これらはいずれも接続法現在形で語られている。

さて、先に引用した文章は、原文では一つの文なのだが、右のように「完了形」、「現在形」そして「接続法現在形」で語られた事柄が、全体として相俟って、「精神・自己の脱自的志向の姿」を指し示しているのである。すなわちその一文は、先述の言葉を用いて言えば、「過去についての現在」（記憶）、「現在についての現在」（直観）、そして「未来についての現在」（期待）という三者によって構成されている。しかもそれらは全体として、「人間という存在者の本来成りゆくべき姿としての、志向的・自己超越的かたち」を如実に表現しているのである。

ところで、以上述べてきたことは、実は『告白』冒頭の言葉と密接に関わっており、両者は深く呼応しているのである。とりわけ次に挙げる文章の後半部は、「完了形」と「現在形」と「接続法現在形」によって記されており、神の働きに駆り立てられたアウグスティヌスが、神のうちに安らい憩うことを希求してどこまでも神を求めゆく姿があらわに示されている。

　あなたは、われわれがあなたを讃えることを喜びとするようにと駆り立てたもう。あなたはわれわれをあなたに向けて創ったが（完了形）、われわれの心は不安である（現在形）。あなたのうちに安らい憩うまでは（接続法現在形）。

補論二　道元の時間論概観

いはゆる有時は、時すでにこれ有なり、有はみな時なり。丈六金身これ時なり、時なるがゆえに、時の荘厳光明あり、いまの十二時に習学すべし。……

われを排列しおきて尽界とせり、この尽界の頭々物々を、時々なりと証見すべし。……このゆへに同時発心あり、同心発時なり。および修行成道もかくのごとし。われを排列してわれこれを見るなり。自己の時なる道理、それかくのごとし。……時々の時に尽有尽界あるなり。しばらくいまの時にもれたる尽有尽界ありやなしやと観想すべし。

われに時あるべし。われすでにあり、時さるべからず。時もし去来の相にあらずは、上山の時は有時の而今なり。時もし去来の相を保任せば、われに有時の而今ある、これ有時なり。……しかあれば、松も時なり、竹も時なり、時は飛去するとのみ解会すべからず、飛去は時の能とのみは学すべからず。……要をとりていはゞ、尽界にあらゆる尽有は、つらなりながら時時なり、時時なるによりて吾有時なり。

又、意は現成公案の時なり。句は向上関棙の時なり。到は脱体の時なり、不到は即此離此

の時なり。かくのごとく判肯すべし。有時すべし。（道元『正法眼蔵』第二十、文字表記を少し改めた）

道元（一二〇〇―一二五三）は言うまでもなく、鎌倉時代の仏教者であり、ふつうには日本曹洞宗の開祖とされる。しかし道元自身は、自らを釈迦以来の仏教の正伝を継ぐ者と自覚しており、単に一つの教派に属する者とは考えていなかった。その主著『正法眼蔵』という書名が、道元自身の強烈な自負と使命観を示している。

本節では、道元の『正法眼蔵』第二十「有時」に即して、道元のまことに透徹した時間論を少し取り上げておく。もとよりそれはアウグスティヌスの時間論とは全く趣の違うものであるが、根底においては何らか通じるものがあるからである。

引用した文章は、いずれも、「有時」からのものである。それらは「有時」本文の一部でしかないが、時・時間をめぐって展開された道元の思索と洞察をよく表している言葉である。

道元は、端的に「時が有（存在）であり、有（存在）は時である」と喝破している。「時間」がとりも直さず「存在」だというわけである。ただ、それにしても、そうした一見唐突な把握が語り出されるに至ったゆえんの基盤ないし根拠は何なのかが、まずは問題であろう。
そのことについて、道元の畏るべき思索と洞察の言葉は――もとより『正法眼蔵』の全体についても言いうることであろうが――、既述のいわゆる「身心脱落」という原初的・根源的出会いの経験から、そうした経験そのものに潜む事態を改めて凝視し語り出したものだと思われる。

身心脱落という経験にあっては、主体と客体、自己と他者との通常の二元的・対象的構図はいわば突破されている。そしてそこにあっては、諸々の人ともの・対象に対するわたし・自己の執着や欲望などが砕かれ廃棄されている。それは自我の頑なな砦が突破されているような姿であろう。もとよりそれは、現実のわれわれにとっては容易ならぬこと、至難のことであるが、とにかくもそうした「身心脱落」の姿に映じ宿ってきたことが、有時なら有時の表現として語られていると考えられよう。

〔それはまた、本書のはじめに取り上げた「原初的出会いの経験」でもあり、その点に関する限り、道元の言う「身心脱落」の姿は、パウロの「もはやわたしが生きているのではなく、わたしのうちでキリストが生きている」という姿とも、あるいは『雅歌』における「愛の傷手」という姿とも、確かに通じるものがあるのである。その際、キリストという言葉は、「知られざる超越的働きの現前」を指し示している。それゆえ誤解を恐れずに言えば、そこに指し示されているのは、「仏性」、「大日如来」「阿弥陀仏」等々の、「この有限な時間的世界における現前」という事態でもあろう。」

してみれば、先に引用した道元の言葉は、恐らく次のように解釈されうるであろう。

移りゆく時にあって、さまざまな出来事、さまざまな存在者が、「身心脱落」という心・魂に映じてくる。それらはもはや単に、わたし・自己の外なる対象としては捉えられない。むしろ、それらはいわば、自他すべてのものの根拠たる何ものかの働きが、「身心脱落という魂の場に有限なもの、有限なかたちとしてその都度宿り来たり顕現してきたことを証示していると考えられよう。

しかしその際、「万物の根拠たるもの（仏性なり阿弥陀仏なり）」が、そのまま宿り来たったのではない。ただ、そうした「根拠の働き」は、砕かれた心という場に映じ刻印された諸々のものを介して、間接的に証示されるのである。

道元はその間の機微をあえてあらわに語ることなく、一気に「時すでに有なり、有は時なり」と語る。そして、自らの関わる「あらゆる存在物が、時々なり」とする。ただし、その自己は、もはやさまざまの存在物と対象的に関わっている自己ではなく、身心脱落にあって、「根拠の働き」(仏性なら仏性)に対して、場となり切ったような自己である。そうした無心の場に、仏性の働きが、さまざまの存在物を通してその都度の時に受容され、何らか宿されると言えよう。「自己の時なる道理かくのごとし」とある。もとより自己の働き、自己の歩みがあるとはいえ、その自己が「無心の場(身心脱落の姿)」であるなら、「時々の時に尽有尽界あるなり」、つまりすべての存在者が現出すると言えようか。

「有時」の文脈では隠されている「身心脱落の経験」を重ねて見るなら、難解な逆説とも思える事柄が、実は素朴な、しかし根源的な経験、つまり「仏性の働きとの原初的出会いの経験」そのものを凝視し、その根底に存したことを、改めてわれわれの具体的な歩みにおいて考察したものであることが、多少ともあらわになってくるであろう。

すなわち、仏性の超越的働きとそれぞれの時に経験される個々の存在物との間には、心・魂の働きが介在している。しかもそれはとりわけ、心砕かれた無心の魂であり、身心脱落という言葉で指し示されるような「受容の可能性たる場そのもの」であろう。そのことが考慮されなければ、道元の時間論は殊更に逆説的思弁に傾いたものと思われよう。しかし、決してそうではなく、かえって「仏性(根拠の働き)」との最も「原初的な出会い」を凝視することによって、おのずと導

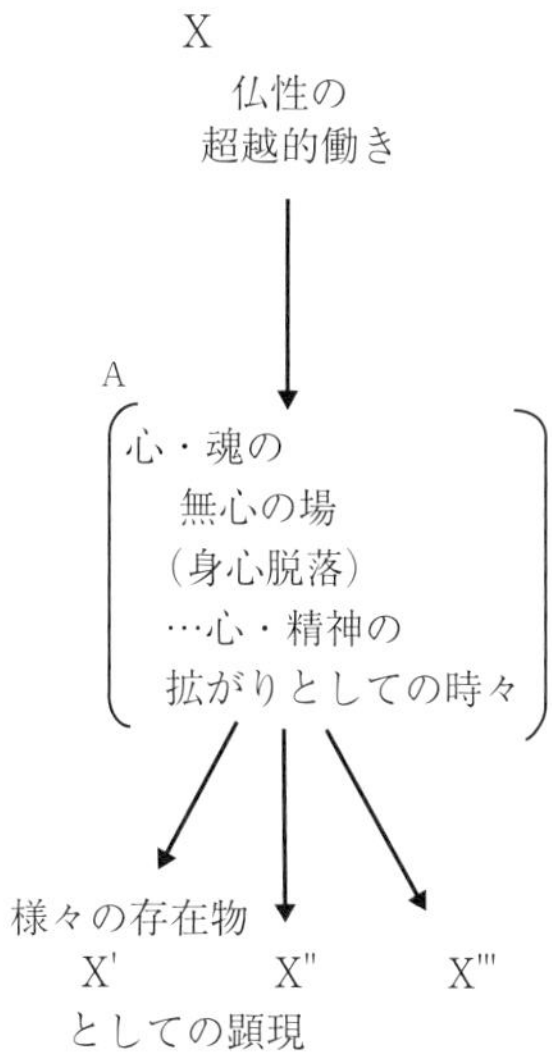

かれ語り出されたものであったと考えられよう。

右に述べたことは、仮に図示すれば上のような関係構造のもとにあろう。

先に引用した道元の言葉は、上のような構造をつまり、われわれの（心・魂の）個々の経験をあらわに語っているであろう。

「われを排列しおきて尽界とせり。この尽界の頭々物々を、時々なりと証見すべし。」「自己の時なる道理、それかくのごとし。……時々の時に尽有尽界あるなり。」

「時さるべからず。時もし未来の相にあらずは、上山の時は有時の而今なり。……

しかあれば、松も時なり、竹も時なり、時は飛去するとのみ解会すべからず。……尽界にあらゆる尽有は、つらなりながら時時なり、時々なるによりて吾有時なり。」

してみれば、松も竹も、すべての存在者は、「心・精神の拡がり」（＝時間）のうちに受容され宿されたかたち・姿なのだ。ただし、その心・精神は基本的には「仏性の超越的な働き」に対して、「砕かれた無心の心」、「受容の可能性そのものたる場」なのである。

なお、「意は現成公案の時なり、向は向上関棙の時なり」とある。それについては、次のことを指摘しておくに留める。右のように「仏性の働きが、それを受容し顕現させたそれぞれの経験において」、それぞれに完結した事態となる。しかし同時にまたそれらは、全体としてはより大なる顕現へとつねに開かれており、「絶えざる生成」、「不断の自己超越」を志向しているのである。

註

（1）　今日、宇宙物理学の量子論は、古典物理学的な時間、空間把握を突破し、時間そのものすら、「存在の何らか高次の全体性」からの二次的派生物であるとの洞察を示している（D・ボーム『全体性と内属秩序』、井上忠他訳、青土社、一九八六年）。また熱力学の分野でも、諸々の物質的要素の存在次元に還元されえぬ「より高次の結合力の存在」が指摘されている（I・プリコジン／I・スタンジェール『混沌からの秩序』、伏見康治・伏見譲・松枝秀明訳、みすず書房、一九八七年）。これらの例は、一般に「要素への還元」を基本路線とする自然科学的探究に対してその基底を暴き、もの（存在物）や生命体における「一性ないし全一性の成立の謎に、自然科学の内側から接近しようとするものであろう。

第八章　人間的自然・本性の開花・成就の道行き

人間にとって可能な普遍的存在様式として……神は人間が「在り」、「善く在り」、さらには「つねに（永遠に）在る」べく、さらには「つねに（永遠に）在る」べく存立させた。それら三つのもののうち、両極は原因たる神によってのみ成り立つが、中間の在り方はわれわれ自身の自由な意志と動きとに依存している。

しかし、そうした中間のものを通してこそ、両極についても正しく語られることになる。すなわち、中間の「善く在ること」というかたちが発動し現存しなければ、両極としての「在る」および「つねに在る」ということを名指すことも空しくなるであろう。すなわち、「善く」ということが自由に（意志の働きによって）結合することがなければ、他の仕方では両極における真理（アレーテイア）が現出することも守られることもない。そして、「善く在ること」という中間のものは本来、両極と結びついて真理を守っているのであり、あるいは神への絶えざる動きによって志向している真理を守っているのである。

（証聖者マクシモス『難問集――東方教父の伝統と精華』、邦訳九八頁）

この透徹した表現は、証聖者マクシモスの哲学・神学の要ともなる洞察を含んでいる。そしてそれは、本章で主題として論じる「人間的自然・本性の開花・成就の道行き」について、その基本線を示すものでもあった。

なお、先の章で考察した「身体」や「時間」という事柄は、それぞれに人間本性に関わるものであったが、以下の論述は人間本性全体の開花・成就の道行きを多少とも明らかにしようとするものである。

一　「善く在ること」の成立の意味

右の引用文は、「人間に可能な普遍的存在様式」として三つの階梯を示している。そこにとりわけ注目すべきは、中間の「善く在ること」の成立が中心的な役割を担っているということである。これは決して特異なことではなく、むしろ誰しもが感じかつ思っていることを改めて「存在と善」に関わる根本問題として問い抜こうとしているのである。

たとえば人の姿を見て判断する際、ふつうわれわれはその人のなりわい、身分、財産などによって判断することが多いであろう。しかし、それらのことに気を取られても、内心では結局のところ、「その人がいかなる性格の人か、そしていかなる徳（善きかたち）を有しているか」ということが最も大事だと思っているのではあるまいか。

ともあれ、引用文中の「善く在ること」という言葉は、魂・人間の「善きかたち（徳、アレテー）」を示しているとしてよい。そして重要なのは、そうした「善きかたち（徳）」の成立においてはじめて「在る、存在すること」の意味があらわになる、とされていることである。言い換えれば、「善の現出」という「倫理学」の中心的場面において、「存在」の探究としての「哲学」が恐らくは本来のものとなってくると考えられよう。


さてマクシモスによれば、先述の三つの階梯のうち「在ること」と「つねに在ること」は、いずれもわれわれの力を超えている。それらはそれぞれ、「創造（端的な生成）による所与の姿」と「永遠なる神の姿」である。すなわち、われわれの生成（ゲネシス）の「真の根拠」も「究極の目的」も、いずれもわれわれにとって知られえぬものであり、謎・神秘に留まるのである。それは当然のこととも思われようが、一つ注意すべきは、「創造主と被造物」という図式を、必ずしも「すでに知られたもの」（客体的な知）としないということである。実際、「被造物」などという知（言葉）をわれわれは一体いかなる経験から真に獲得しえているのか。つまり、「キリスト教では云々」と簡単に言うとき、（キリスト教のうちにある人も外にある人も）自己自身が改めて右の問いに晒されている。

それはさて措き、改めて確認されるのは、中間の「善く在ること（善きかたち、徳）」の成立・現出においてはじめて、両極の「在ること」と「つねに在ること」の意味射程が、何らか間接的にいわば浮彫りになってくるということである。両極は決して、直接無媒介に対象化されて知られはしないのである。

ところで、くだんの「善く在ること」、「魂・人間の善きかたち、徳」とは、われわれの自由な意志の働きによって成立しうるという。ここに意志の働きによって「善く」という語が附加されるということが、実は大きな問題なのである。既述のように、われわれにとって「単に意志すること」は生来与えられているが、「真に善く意志すること」は——自らの意志であるにもかかわらず——実は至難なのだ。

すでに述べたように、アウグスティヌスはその姿を「精神の病」とし、「精神の蒙っている罰(poena)」と認めていた(『告白』第八巻)。つまり、自らの根底に「アダム・エバの罪」がいわば時と処とを超えて固着し宿っていることを見出していたのだ。そしてパウロは、「あゝ、この死の体(=罪)から一体誰がわたしを救い出してくれようか」と悲痛な叫びを発していたが、それはアウグスティヌスのものでもあった。またパウロは、「すべての人は罪のもとにある」(ローマ三・九)と喝破していたのである。

では、こうした文脈において、「善く意志すること」はいかにして可能なのか。――それはむろん、単に自力のみによるのではない――。この一見素朴な、しかし根源的な問題は、聖書と教父の伝統において、「受肉したロゴス・キリスト(ヨハネ一・一四)の働きに与ることによってはじめて可能となる」という方向で、探究されてゆく。しかし、そのことを主題として吟味してゆくのは、論の流れからして後の章に委ねることにしたい。ただ、ここに改めて指摘しておくべきは、そうした主題が狭義のキリスト教教理の枠内にあるのではなく、実は普遍的にすべての人間に関わることであり、哲学・倫理学の中心的位相に位置するということである。

ところで、「わたし・自己の在ること」は単に静止し固定したものではなく、「その成立の知られざる根拠」と「志向してゆくべき無限なる目的」という両方向に開かれた動的構造のうちにあるであろう。そうした自己の本来的姿としては、「善く在ること」、「善きかたち（アレテー、徳）の生成へと定位されているのである。そして、そのことの可能となる根拠が、自由な意志の「善き働き」なのであった。

ここにおいて、本書のはじめに取り上げた「原初的出会い（カイロス）の経験」や「生の根底的変容」という事態が、右に述べた文脈と呼応していることに気付かされよう。

すなわち、パウロは「もはやわたしが生きているのではなく、わたしのうちでキリストが生きている」（ガラテア二・二〇）と語っていた。そこにあって「キリストの名」は、「わたし・自己の存立の根拠」を指し示しているであろう。そのとき新たに生じた生の姿は、「善きかたち（アレテー、徳）」の成立として、いっそう具体的に吟味されることになるのである。

二　意志的な聴従

パウロのその言葉は、証聖者マクシモスの解釈によれば、自由の放棄ではなく、「意志的な聴従」を示すものであった。その際、問題となるのは、行為の各々の場面でいわば超越的根拠として現前している「善の働き」ないし「神的働き・霊（エネルゲイア・プネウマ）」に対して、自らがいかに応答していかに関わるかということである。

ところで、神的エネルゲイア・プネウマは、その名に値するものなら、「つねに（永遠に）」現存し働いているであろう。しかしそれは、この時間的世界に生きかつ行為しているわれわれにとっては、その都度の「あるとき」現前してくる。従ってそこには、「つねに」と「あるとき」との微妙な関わりが存する。そして、つねに現存する神的働きに心披いて聴従するなら、それは魂・人間のうちにゆたかに注ぎ込まれよう。それゆえ、全体の機微として、「神性の超越的働き」と「人間の自由・意志の働き」との、ある種の「協働（シュネルギア）」と呼ぶべきものが窺われるのである。

かくして、われわれの問い披き探究すべき問題の基本線を改めて確認するなら、神的働き・霊が人間の自然・本性（ピュシス）のうちに多少とも受容され宿されたとき、人間の「善きかたち（徳、アレテー）」が新たに生起するということである。そしてそれは、「善き行為・わざ」の礎となり、ひいては「善く在ること」の成立ともなるであろう。

中心の問題とその動的構造とを表現しようとすれば、そんな風に語りうるであろうが、実のところそれは、最も単純なことに帰着すると思われる。すなわち、神に心披き、信をもって謙遜に生きることが、恐らくはすべてなのである。

神は「神への愛」として現出してくる

ところで、はじめの引用文に、中間の「善くあること」は、「神への絶えざる動きによって志向している真理を守っている」とあった。つまり真理なる神は、知の直接の対象なのではなく、むしろ絶えざる動きによって志向してゆくほかはないものであろう。言い換えれば、真理とは、われわれの志向の限りを尽くしても絶えずそれを超えるものとして、いわば間接的に浮彫にされるものなのだ。従ってそこには、徹底した「否定の調べ」が漲っているのである。

とすれば、神ないし神性が何らか知られるのは、ただそのような仕方においてであろう。すなわち、神（真理）は、われわれにあって絶えず己がなみされ、己の全体が開かれてゆくような脱自的愛としてかろうじて生成し顕現してくると考えられる。

端的に言えば、すでにニュッサのグレゴリオス『雅歌講話』の「愛の傷手」について述べたように、「神は神への愛として」、「善への絶えざる自己超越（エペクタシス）」として、この有限な時間的世界に現出してくるであろう。そしてこのことは、マクシモスにあってアレテー（徳）という言葉の指し示すところでもあったのである。

三　神の受肉したかたちとしてのアレテー

人間は本性的に見えざる神を、諸々のアレテー（善きかたち、徳）を通してあらわにした。それほどに人間は、知性（ヌース）にもとづいて知られざるものの知へと神に引き上げられる。そして言葉と観想によって為される愛智（＝哲学）の営みによって、聖人たちは神への欲求へと誤りなく向けられる。

その際、愛智にもとづいて身体の自然・本性もまた、必然的に高貴なものとされる。そのようにして彼らは、自らに宿った自然・本性的な顕現の姿（アレテー）によって、ふさわしい仕方で神に近づいたのである。（『難問集』、邦訳九六頁）

この文中、アレテーとは、古代ギリシア哲学にとってとくに重要な言葉の一つであった。それは元来、それぞれのものの有する「善さ」を表す言葉であったが、とりわけ「魂の善さ、徳」を意味する。証聖者マクシモスはそうした古代ギリシア的伝統を視野に収めつつも、引用文にあるように「受肉した（身体化した）神」としてアレテーを捉えている。

それは驚くべき表現であるが、そこには、「いかなる有限な姿において無限なる神が顕現しうるのか」ということについての、根本的な洞察が含まれている。アレテーという一語についてのその捉え方には、改めて言うなら、古代ギリシア哲学の伝統の「受容（摂取）、拮抗、そして超克」という大きな思想的ドラマの縮図が窺われよう[1]。

実際、われわれが外なる世界にいたずらに神を探し求めても、神はそれ自体としては決して見出されない。しかし、神は恐らく「魂・人間の善きかたち（徳）たるアレテーのうちに」、あるいはむしろ「アレテーとして」何らか生成し顕現してくるのである。

さてそこで、右の引用文から次のような基本的なことを読み取ることができよう。

まず、本性的に見えざる（知られざる）神は、人間的自然・本性のアレテーという「善きかたち（徳）として」この有限な世界に何らか生成・顕現し受肉してくる。そしてそのことによって、人間は神的境位へと引き上げられてゆくという。

ただ、人間のそうした上昇の道は、魂と身体との結合体たる人間の全体的な変容をもたらすであろう。そしてそのことは、「身体もまた高貴なものとされる」とあるように、いわば「身体の聖化」とも呼ぶべき事態をおのずと伴っているのである。

それゆえ、魂のアレテー（善きかたち）とは決して身体を排除して形成されるものではない。すなわち、人間が神（真の存在）へと与りゆく道は、かつてのグノーシス主義の類いが主張するような、「身体を排除して魂のみが永遠界に帰ってゆく道」ではありえないのである。

この点、あらかじめ端的に言っておくとすれば、「無限性（神）への心の披き、聴従」は、同時にまた「有限な場への還帰」によって、「魂と身体とのより善き結合のかたち」として、また「身体の聖化」として現に生起してくるであろう。従ってまた、後に主題として述べるように（第一一章）、われわれにとって本来的な「自己超越のかたち」（エペクタシス）は、実は「隣人・他者との全体として一なる交わり」（エクレシア）として生じてくることになるのである。

アレテーと幸福

以上のような基本性格を有するアレテーは、マクシモスによればまさに幸福を成り立たせるものであった。これについては、簡明にこう語られている。

神的な正義は、この世で人間的なものを評価して富や身体的健康や他の評判高いもので自分を飾っている人々を、価値ある者とは看做さなかった。かえって、魂の諸々の善きものを尊び、神的で永遠的な善きものに与る人々のみを幸福な者とする。……それゆえ、たとえ身体や外的なものに属するさまざまな善きものが取り去られても、諸々のアレテーは自己充足的であって、アレテーを持つ人を幸福にもたらすのである。しかし他方、すべて悪しき人は、たとえ地上の、いわゆる善きものを余すところなく所有したとしても、諸々のアレテーを欠いているので、憐れむべき悲惨な者なのである。（『難問集』、邦訳一五六―一五七頁）

これは実は、「傲れる富者と貧しいラザロ」の物語（ルカ一六・一九―二六）について述べられた文章である。ラザロは生前、極めて貧しく、また腫物でただれ、富者の門前に座すばかりであった。しかし死後、アブラハムの懐に導き入れられた。他方、富者は死んで黄泉にて苦悩のうちに眼を上げたとき、遥かにアブラハムとラザロを見た。憐れみを請う彼に対して、アブラハムはこう告げる。「子よ、思い出すがよい。あなたは生きているとき諸々の善きものを受け、ラザロは悪しきものを受けた。今、ここで彼は慰められ、あなたは悶え苦しむのだ。そしてわたしたちとあなたの間には大きな淵があって……互いに渡ることはできない」（同、一六・二五―二六）。

マクシモスはこの記述を受けとめ、それを「今、ここ」なるわれわれの生に関わることとして、霊的かつ象徴的に解釈している。文中の「大きな淵」とは、「身体とこの世とに対する欲望、執着」だという。永遠なるものに達しようとする人は、朽ちる衣なる肉をまといつつ、その淵を超えてゆかねばならない。しかし富者はこの世にしがみつき、赦しの外に放置される。そして来るべき生は、それへの欲求ゆえにすべての苦しみを喜びをもって耐え忍ぶ人々によって獲得されるという。

ところで「アブラハムの懐」とは、アブラハムの子孫から肉に従ってわれわれに現れた神（受肉した神）のことと解されている。そうした存在こそ、「それぞれの人のアレテー（善きかたち、徳）に従って」ふさわしい人に恵みを与えるのだ。それは丁度、「キリストがさまざまな牧者に、しかも分割されない仕方で自らを分かち与えるようにだ」とされている。そしてラザロは、アレテーの輝きとともに、「アブラハムの懐（受肉した神）のもとで安らぎを得て喜ぶ」のである。

このようにマクシモスは、「この世と黄泉とを分けた物語的な語り口」を後にし、「今、ここなる場面」に即して象徴的解釈を示している。すなわち、われわれのすべてのわざ、すべてのかたちはその字義的な閉ざされた意味領域がいわば突破されて、「永遠的なアレテーが成立しているか否か」という、ただ一つの規範から評価されている。そうしたアレテーは「神の受肉した（身体化した）かたち」という意味合いを有したが、それは、もはや単に死後の話ではなく、まさにこの生にあって、すべての人が関与してゆくべきものとして捉えられていたのである。

四　愛による諸々のアレテーの統合

魂は諸々の感覚を通して、万物を知恵ある仕方で創造する神の法に即して自らの諸力に関わり……感覚されたものへと多様な仕方で移りゆく。そこで魂は、もし存在物のあらゆるロゴス（意味、言葉）を集約しつつ、固有の諸力（ロゴス的力、気概的力、そして欲望的力）によって諸感覚を善く用いるなら、見られるものすべてを知恵ある仕方で自らの方へと移し入れることができよう。その際、神は見えるもののうちで沈黙によって告知されつつも、〔実体・本質としては〕隠されている。

しかし神は、自らの意志にもとづいて思惟のうちに最も美しく霊的な世界を創った。すなわち、思惟的にかつ霊（プネウマ）に従って諸々のアレテーに満ちた世界を成就するために、神は構成要素として四つの普遍的アレテーを互いに統合する。つまり神は、諸々の感覚に対して魂の諸々の働き（エネルゲイア）を統合することによって、それぞれのアレテーを現に

成立させているのである。(『難問集』、邦訳二三七―二三八頁)

諸々の感覚を善く用いるなら

右の引用文はすこぶる集約的な、また驚くべき洞察を含んだ文章である。恐らく証聖者マクシモスは、神の子イエス・キリストの姿を観想しつつ、一般化して語っていると思われる。というのは、パウロの言葉にあるように、「キリストのうちにはすべてのアレテー(善きかたち、徳)が全き仕方で体現されている」からである。

ともあれ、あらかじめ注意しておくべきは、右のような事態が成立するのは、必ずしも天下りの仕方によるのではなく、われわれの働きを介してだということである。つまり、「諸々の感覚を善く用いるなら」とあるが、そのようにしてはじめて、「感覚されるものを自らの方に知恵ある仕方で移し入れることができる」という。そこにおいて、「善く用いるなら」という一句が、小さからぬ問題なのである。

すでに述べたように、アウグスティヌスは己のうちなる姿を凝視し、「自分の意志でありながら善く意志することは至難である」と語っていた(『告白』第八巻)。なぜなら、われわれは多少

 とも弱さと罪とを抱え、さまざまな情念に捉われており、現実に「善く意志すること」がむずかしいからである。実際、「善く」とは反対の「悪しく」、「神に背反する仕方で」意志し、諸々のわざ・行為を為してしまうというのが、われわれの実状であろう。それゆえ、善く意志し、「諸々の感覚を善く用いる」ことが成立するための、いわば可能根拠が問題なのである。

しかし、「善く意志すること」は、われわれの自力のみによって可能ではない。してみれば、一見単純な「諸々の感覚を善く用いる」ということは、その成立の可能根拠が問われるなら、「神的働き・霊（エネルゲイア・プネウマ）に与ること」が問題の中心的位相に映じてくるであろう[2]。

四つの普遍的アレテーとそれらの統合

この時間的世界に生きている人間にとって、身体を除外した純粋な魂というものは、いわば想像上の思弁的産物であろう。そこで基本的動向としては、身体的・感覚的なものと思惟的なものとは、マクシモスによれば、この現実の世界にあって決して分離して存在しているのではない。かえってそれらは神の意志によってそれぞれの仕方で統合され、アレテー（善きかたち、徳）が成立するという。

そしてさらには、諸々のアレテーが互いに統合し、全体として上位の霊的次元に上昇しうるとされている。具体的に言えば、身体の諸感覚は、それらに適合したより神的なロゴスに即して、魂の諸力の構成物となり、それらを現に働かせるのである。つまり、「視覚」は思惟的力ないし知性（ヌース）に、「聴覚」はロゴス（言葉）に、「嗅覚」は気概的力に、「味覚」は欲望的力に、そして「触覚」は生命的力にそれぞれ属しているとされている。そうしたうがった説明はともかくとして、先述の「諸々の感覚を善く用いるなら」、そこにアレテー（魂・人間の善きかたち）が形成されてくることになろう。言い換えれば、アレテーのうちには感覚的なもの、身体的なものがより善く浸透し結びついているのである。

ところで、四つの普遍的アレテーとは、「勇気」、「節制」、「思慮」そして「正義」のことであり、それらは古代ギリシア以来のいわゆる四元徳である。マクシモスにあって特徴的なのは、それらの徳が互いに結合し、全一的なかたちを形成しうるとされていることである。

ふつうの捉え方では、諸々のアレテー（徳）はそれぞれ独立に存立しているとされよう。しかしマクシモスによれば、それらは本来いっそう上位の結合・一体化の境位に開かれている。あるいは、それぞれでありつつ通底し、全体としてある種の円環を為しているとも言えよう。ともあれ、諸々のアレテーがより善きかたちに高まり、ついにはいわば重層的な姿で「すべてのアレテーの統合としての愛」の成立へと開かれていることが洞察されているのである。

そこでまず、マクシモスの文脈に即してその要点を押さえておこう。思慮と正義から「知恵」（ソフィア）が形成され、他方、勇気と節制から「柔和」が形成されるという。

ここに知恵とは、「思慮に即した知（グノーシス）」と「正義に即した〔諸々の〕知識（エピステーメー）」とを結合する原因だとされている。ちなみに、「神を畏れることが知恵のはじめであり」、「悪しきものから離れることが知識である」（ヨブ二八・二八）とも言われる。ともあれマクシモスにあって、知恵は「諸々の知られるものの限度・目的だ」とされるのである。

また柔和とは、気概的力と欲望的力が「自然・本性に反するもの（罪）へと動かされないこと」にほかならない。そしてそれは、「不受動心（アパテイア、情念からの解放）とも呼ばれる。アパテイアとは元来ストア派の重視する用語であったが、マクシモスはその語をいっそう大きな動的構造のうちに捉え直し深化させているのである。それゆえ、柔和とは「諸々の実践の限度・目的だ」とされるのである。（以上のことは『難問集』、邦訳二三八―二三九頁による。）

こうした表現は余りに簡潔なものであるが、その意味射程ははなはだ大きい。ここではそれらの個々の内容については措くが、それらは相俟って人間的自然・本性の開花・成就の道を形成しているのである。その点、とりわけ注目されるのは、「愛」（アガペー）という最後の段落を語る次の言葉である。

そして最後に、それら（知恵と柔和）はすべてに勝って最も普遍的なアレテーとしての愛に極まる。すなわち愛は、諸々の「根拠づけられ、動かされ、〔終極に〕静止するもの」（つまりすべての被造物）を、自らによって脱自的に超出し、自らを通して前進させ、自らへと一にもたらし（一体化し）、さらには神化させるのである。（『難問集』、邦訳二三九頁）

この文中、「神化（テオーシス）」とは、とくに東方・ギリシア教父の伝統において重要な言葉である。もとよりそれは、「端的に神となってしまうこと」ではなく、むしろ「神的存在、神的生命に与りゆくこと」を意味している。その点に関して、次のことを確認しておこう。

「諸々のアレテー（善きかたち、徳）の統合としての愛（アガペー）」は、基本的動向としては、さまざまな存在物（ないし被造物）の脱自的な「超出」と中間の「前進」と、そして愛との「結合・一体化」という三つの階梯を成立させるであろう。すなわち、引用文中の「自らによって」、

「自らを通して」、そして「自らへと」という三つの言葉は、アレテー形成の道行きにおける「根拠（原因）」と「媒介（中間）」と「目的（終極）」のことにほかならない。

ちなみにニュッサのグレゴリオスは、既述のように、そうした階梯がわれわれにとって「絶えざる生成」ないし「不断の自己超越（エペクタシス）」という性格を有していることを洞察していた。そして証聖者マクシモスは、そうした教父的伝統を継承し、新たな角度から問い披き敷衍しているのである。

ところで、右に述べたことは、ほかならぬ人間が、「万物の再創造」という事柄に積極的に関与しうる役割を担っていることでもあった。しかし一見大仰とも思われるそうした事柄は、どこまでも魂・人間のうちなる不可思議な変容の出来事として、つまり「現実以上の現実」として捉えられていたのである。それは連続する主題であるが、章を改めて、次章（創造と再創造）にて問い進めてゆく。

ただここでは、アレテーというものの最も基本的な意味（志向）について、さらに吟味しておくことにしたい。

五　神の生成・顕現のかたち

諸々のアレテー（善きかたち、徳）のより神的ロゴス（根拠）は、自らのうちに不分明に隠された霊的知性（ヌース）に魂を結合する。だがその霊的な知性は、諸々のアレテーのうちなるいっそう神的なロゴスに帰属しており……魂の自由・意志による状態（関係）のすべてを促し、その全体として魂を捉え、魂に本来結合している身体とともに、それらを類比的に神自身に似たものとさせるであろう。かくして、魂全体を通して〔いわば〕神の全体が、何ら限定されぬ仕方で顕現しうることになる。ただもとより、神が存在物の何かに……それ自体として現出するなどということは決してないのである。（『難問集』、邦訳二四〇頁）

この文章は、われわれの生きる時間的世界において「神がいかなる仕方で生成・顕現しうるのか」ということを、いみじくも語り出している。そしてそれは、先の引用文に記されていた「最も普遍的アレテーとしての愛」の働きによって成立することであった。

ただ注意すべきは、そこにあって身体は決して排除されることなく、「魂と身体の全体を通して」神が何らか顕現しうるとされていることである。もとより神は、実体・本質（ウーシア）としては知られざる超越に留まる。しかし、そうした神は、「人間（魂と身体との複合体）の脱自的・自己超越的な愛（アガペー）を通して」、この世界に生成・顕現しうるのである。いっそう具体的には、引用文にあるように、神的ロゴスの働きが「魂を霊的な知性（ヌース）に結合し」、その霊的な知性が「魂の自由・意志による状態のすべてを神に委ねる」と解き明かされている。

そうした一連の事態を平たく言うとすれば「神は神への愛として現出してくる」ということになろう。すなわち神は、いわば「人間の最も本来的な姿として」、「諸々のアレテーの統合たる愛として」、またとりわけ「神に心披かれた謙遜の姿として」この世界に顕現してくると考えられよう。

右に述べ来ったことは、基本的には、つとにニュッサのグレゴリオスが『雅歌講話』などにおいて洞察していたことであった。そしてそうした事柄は元来、「キリスト（の働き）」との原初的出会い（カイロス）」という使徒的経験の中から、はじめて見出され言語化されてきたのである。

さてそこで、「諸々のアレテーの愛による統合」ということを、便宜上、上のように図示しておこう。

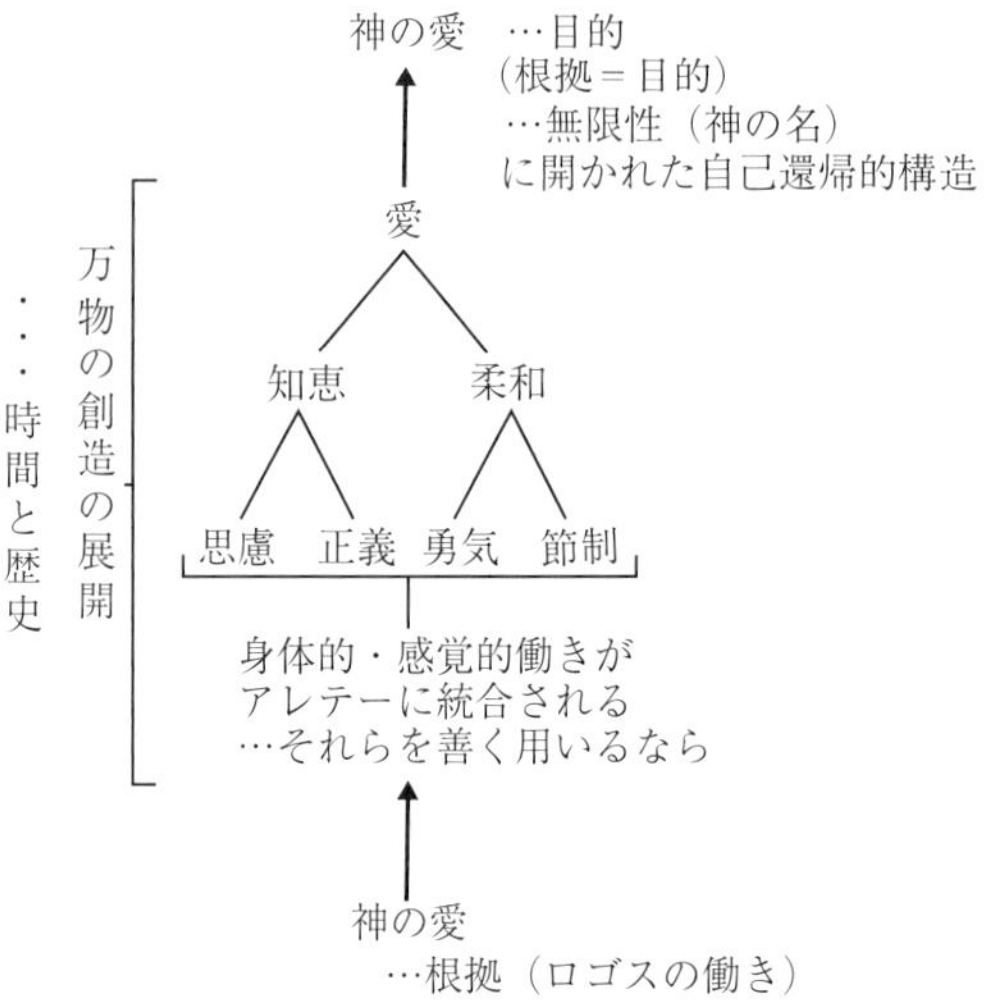

ここに注目しておくべきは、われわれの生の本来的道行きの根拠（原因）が同時に終極（目的）でもあって、全体の動向としては円環的・自己還帰的構造が窺われることである。なぜなら、神の愛（神的ロゴスの働き）は、この世界を成立させた「根拠」であるとともに、万物がそれとの結合・一体化を志向してゆくべき「目的」でもあると考えられるからである。

しかしそのことは、決して単に、われわれの外なる対象的な出来事と看做されるべきではない。かえって、われわれ自身の脱自的愛それ自身のうちに、あるいは神的な働き・霊（エネルゲイア・プネウマ）への意志的聴従のうちに、「根拠＝目的なる神の働き」が何らか現前してくるであろう。

してみれば、そうした事態の成立する「うちなる根拠」を、ほかならぬわれわれの魂ないし意志の働きのうちに問い披いてゆくことが、殊のほか重要であろう。そこで今一度強調するとすれば、後に吟味・探究するように、ふつうはキリスト教教理の枠内にあるとされる事柄が――つまり「ロゴス・キリストの受肉、受難（十字架）そして復活」ということが――、実はより普遍的に、愛智の道行きたる哲学・倫理学のいわば最前線にあることとして姿を現してくるであろう。

註

（1）　プラトンをはじめとして大方の古代ギリシア哲学にあっては、いわば無時間的な形相（エイドス）間の関わりが論の基調であり、「時間」、「意志」そして「身体（肉体）」などが「愛智＝哲学」の中心的な主題とはならない。それゆえにまた、キリスト教と教父的探究の文脈においては、いわば「身体、質料の復権」とも言うべき事態が明らかに認められるのである。

（2）　諸々の感覚を、そして魂の諸力（気概的力や欲望的力など）を「善く用いる」とは、誰にとっても容易ではなく、神的エネルゲイア・プネウマ（ないし神人的エネルゲイア）に多少とも与ることによって、はじめて真に成立しうることである。「善く」という一見単純な意志的働きが成立する可能根拠は、われわれのうちに深く隠されているのだ。その問題場面を自らのこととして受けとめ、「善く意志しうる根拠」を問い進むとき、「キリストの十字架と復活」などという事態が、まさに「哲学」の、そして「意志論」の中心的形相に関わるものとして映じてくるのである。

三位一体　ルブリョフ，15 世紀

第九章　創造と再創造

――人間の役割とロゴス・キリスト――

人間はすべてのものに対して、あたかも全体を何らか集約し統べるような働きを為す。そしてすべての存在物における〔五つの〕異なりに即して、それらの両極を自然・本性的に媒介する。すなわち人間は、自ら〔の働き〕を通して諸々の存在物に入り込み、それらの〔新たな〕生成に善き仕方で関わりゆく。というのも、人間はすべての異なり（分割）の両極におのずと関係しているので、それらの媒介としてあり、両極に対する固有性に即して、すべてのものを結合・一性にもたらす力を自然・本性的に有しているからである。

そうした力によってこそ、それら分割されたものを根拠（原因）に即して完成する道（方式）が可能となり、神的な目的の偉大な神秘がそれ自身としてあらわに顕現してくる。そしてその力は、諸々の実体（ウーシア）におけるそれぞれの極に調和ある仕方で関わって、よい、り近いものからより遠いものへ、またより悪しきものからより善きものへと、順々に上方に前進させる。そしてついには、神において結合・一性を成就させてゆくのである。そのために人間は、諸々の被造物の最後に生じせしめられ（創世記一・二六―二七）、自然・本性的な何らかの紐帯として、固有の諸部分を通して普遍的な極を媒介する。そして、大きな隔たりによって自然・本性的に分かれているものを、自らにおいて一に導いてゆくのである。

（『難問集』邦訳三〇二―三〇三頁）

一　自然・本性的紐帯としての人間

右に引用した文章は、存在物に見られる「五つの異なり」を人間が順次に克服してゆく過程を記したものである。それは一言で言うなら、創造と再創造という観点から人間の役割（分、運命）を集約的に語り出している。そこに記されているのは、多分に大仰な事柄であるが、それは人間的生の根本に関わることゆえ、以下、証聖者マクシモスの指し示すところを見定めておくことにしよう。

まず「存在物の五つの異なり」とは、次のようなものだという。

（ⅰ）創らざる自然・本性（ピュシス）と創られた自然・本性（神と被造物）
（ⅱ）創造によって「在ること」を受け取ったすべての自然・本性における「思惟されるもの（可知的なもの）と感覚されるもの」
（ⅲ）感覚的な自然・本性における「天と地」
（ⅳ）地における「楽園（パラダイス）と人の住む世」
（ⅴ）人間における「男性と女性」

マクシモスによれば、人間は自然・本性的紐帯として、右のような五つの異なり（分割）を順次に結合し、全体として一にもたらす役割を担っているという。

そうした把握の根底には、神による世界創造（万物の生成）ということが、単に過去に完結した客体的な出来事ではなく、いわば今も持続しており、しかも人間がその中心的場面に関わりうるという洞察が存する。このことは、一般にヘブライ・キリスト教の思想潮流の基本であろうが、とりわけ教父の伝統において具体的に観想され探究されてきたのである。

なお、現代哲学の中でマクシモスの洞察にやや接近しているものとして、G・マルセル

（一八八九―一九七三）の言葉に言及しておこう。マルセルが言うには、「世界創造」（宇宙の成り立ち）ということを単に過去の出来事（対象）として問題にすることは、いわば仮構である。そして、そこに身を置くような常識的かつ学的な態度を、マルセルは「傍観者の離脱」と呼んでいる。

他方、〈世界の成立（生成）の根拠を問うこと〉と「世界のうちに生きている自己の成立の根拠を問うこと」とは、実は同根源的な問いだという。いずれの問いも結局は、知られざる神秘に開かれているであろう。とすれば、そうした問いは、「自らのうちに」、「自らを限りなく超えて」現前している不可思議な存在の前に自らを立たせることになろう。マルセルはそのことを「聖人の離脱」と呼んでいる。それはまた、「問題から神秘への道」だという。それゆえマルセルは、自らの思索を「存在論的神秘への参与」だとしているのである。

さて、探究の基本線をあらかじめ言っておくとすれば、マクシモスは「存在物における異なり」が結合されてゆく階梯を、単に外側から対象的に観察しているわけではない。なぜなら、「外なる仕方で五つの異なりが結合・一性にもたらされること」と「内的に魂・人間のアレテー（善きかたち、徳）が形成されてゆくこと」とは、恐らく通底し、密接に対応していると考えられるからである。

人間的生命の発現・成就のダイナミズム

言うまでもなく人間のうちには、無生物、生物、植物そして動物などさまざまな要素が含まれているが、それらすべてが結合されていわば動的秩序が成立している。つまり、微小な分子や細胞はもちろん、人間にあって静止しているものは何も存在せず、すべてが「動き」のうちにある。しかし、それらは単に分散しているのではなく、人間として生きている限り、実は全体として一つの動的秩序が存していると考えられよう。

その際、すでに述べたように、魂とは、身体と切り離されて自存するような不変の実体なのではなく、また逆に、単に身体的部分でも諸要素の調和や結合でもない（このことはアウグスティヌス『三位一体論』第一〇巻に詳しい）。かえって魂とは、身体的・物体的要素を結合し、それらを全体として生かしている「働きの名」なのである。

ちなみに、現代の生物学にあって生命（生きていること）とは、諸々の物体的要素が時々刻々と生成消滅しつつ、全体として一つの秩序が現出していることだとされよう。つまり生きているとは、一見多様な分散した動きのうちにもある種の動的秩序が成立していることを意味する。ただし生物学のそうした知見は、自然科学の探究路線として、「わたし・自己とは何か」、「究極の目的（善）とは何か」といった最も難しい問いを切り捨てた上での、「ある限定された領域における普遍性を有しているに過ぎない」と言うべきであろう。

ともあれ、ここに注意すべきは、もの（存在物）の「在ること」、「生きていること」においてくだんの動的秩序が現に成立するためには、「諸々の要素を結合し一体化させるいわば「根源的結合力」が働いているということである。その観点からすれば、そうした根源的結合力の発現と成就の階梯として、次の三段階が認められよう。

（i）　動物以下のさまざまな生命体にあっても、諸々の物的要素に還元しえない根源的結合力が働いている。ただそれらにあっては、未だ真の「個」も「自由」も発現していない。たとえば動物においては、彼らの営みはすべて、自らの種（形相）の持続のために為されている。

（ii）　しかし人間においては、言語・知性的（ロゴス的）力によって、より大なる動的秩序が成立している。そのことは、根源的結合力のより高次の分有・発現の姿と考えられよう。ちなみにアウグスティヌスは『三位一体論』第一一巻において、「精神の三一性」の成立において、意志が「結合力」として働いていることを見定めている。それはまた、「聖霊の働き」

を暗示しているという。

それはともあれ、世界の創造（ゲネシス、生成）とは、ある意味で「人間の誕生・生成に向かって」（それを目的として）全体として動いていると考えられよう。つまり、他のさまざまな物体的要素も存在物も、「人間の生成」のためのいわば素材ないし身体となりうる。それらはすべて、人間のうちで結合され集約されて、真に生かし直されているのである。

（iii）そしてさらに、人間のアレテー（善きかたち、徳）は、「人間的自然・本性のより大なる（より善き）発現のかたち」であろう。そしてそれは既述のごとく、この有限な時間的世界において、「無限なる善としての神が、何らか生成・顕現してきたかたち」なのである。

ベルクソンにおける人間

宇宙の生成以来の歴史について、ベルクソンは「人間は障壁を乗り越えたのだ」と象徴的に語っている。その論は教父の伝統にも通じるところがあるので、そのさわりの部分を取り上げておこう。（以下は『道徳と宗教の二源泉』による。）

ベルクソンはおよそ「もの（存在物）の成り立ち」を極めて動的に捉えている。そこにあって、中心的視点としてとくに「持続」とは、過去が未来をかじって進みながら膨らんでゆくような

「連続的進展」だという。ここに注意すべきは、何であれ静止した「もの」の実体的存在が前提されることなく、「ものの生成の動的機微」が問われていることである。それゆえ、「静止した状態」などというものはこの世界には存在せず、すべては根源的な「動き」のうちにあるとされる。

その際、われわれは「自分自身をつねに創造している」という。つまり、安心して確保されるような実体的自己は、われわれにとってありえないのである。これは実は、東方・西方の教父の伝統において、共通の根本的把握であった。とりわけニュッサのグレゴリオスが強調しているように、われわれは自由な意志・択びによって、いわばその都度、自らの「存在のかたち」を形成しているという。そしてそのことは、既述のように超越的な善（目的）に開かれた構造において、われわれ自身の意志的な応答ないし聴従を介して生成し現出してくるであろう。

それはともあれ、ベルクソンによれば、生命の手の進め方は、単に物体的要素の連続と累積によるのではなく、「生の躍動」（エラン・ヴィタール）が認められるのである。それに対して、自然科学的方式のように物体を客体化してしまうなら、デカルトに顕著なように「外的な延長」として捉えてしまうことになる。そこにはいわば「存在論的な弛み」があるという。それはまた、「自由から必然への緩み」とも看做されている。

かくして、本来は「持続」の漲っている動的構造から無時間的な形相（エイドス）を切り取り、「知」として貯蔵しようとする学的試みは、プラトン的ないわゆる「イデア論」の硬直化した姿として、根本から否定されることになる。

それゆえ、生命というものは、生物、植物、動物そして人間という階梯の全体を見るとき、「一つの努力」、「動的志向」として現れてくるという。とすれば、それぞれの存在物を個々に対象化してその構成要素を分析するだけでなく、右のような階梯の現出を根拠づけている「超越的力とは何なのか」ということが、さらに問いたずねられなければならないのである。

ここにおいてわれわれは、生命の発現のいっそう高次の段階として、くだんの「アレテー（善きかたち）の形成」という問題場面の前に、改めて立たされることになろう。

二　創造の持続と展開

ふつうには人間以外の存在物もそれぞれ別箇に存在しているとされよう。しかし実際には、それらは相互に、また重層的に関わっており、いわば全一的な環境世界ないし生命圏を作っている。そうした事柄は、環境倫理や生命倫理などの問題として今日さまざまに議論されている。ただあえて言うなら、ことの真相を明らかにするためには、個々の限定された学問領域を超えて、無限生に開かれた事柄を吟味してゆくことが必要であろう。

そこで探究の基本線を確認しておくと、教父の伝統にあっては、自然・本性的事物（存在物）は恐らく人間の言語・知性的（ロゴス的）働きを介して言語化され、より大なる存在秩序へと参与せしめられよう（ローマ八・一八―二三参照）。つまり、それぞれの存在物は固有の形相（エイドス）によって限定されているが、それに留まるわけではない。なぜならそれらは、一なる神的ロゴスを根拠として生成（創造）されているが、さらには人間のロゴス的働きを通して集約され、神的ロゴスとの関わりへともたらされるからである。

とすれば、そのときそれらは、それぞれに閉ざされた存在様式から解放され、無限なる善（究極の目的、神）へと開かれて、新たに「より大なる（より善き）秩序と交わり」のうちに甦らせると考えられよう。このように言うと、確かに大仰なこととも思われようが、それは実は、われわれにとって身近な出来事として何ほどか生じることであろう。というのも、右に記したようなことは、謙遜に心砕かれた姿で人ともの に接する人にとっては――それが喜ばしいことであれ悲しいことであれ――、何ほどか生じうると思われるからである。

ともあれ、すでに述べたように、アレテー（善きかたち、徳）の成立においては思惟的なものと感覚的なものとがより善きかたちで結合し、しかもそれらは「諸々のアレテーの統合としての愛」へと開かれている。愛（アガペー）とはまた「神の名」でもあった（一ヨハネ四・八）。それゆえ、われわれが隣人・他者との関わりにあって真の愛に少しでも近づくなら、そのことは、「神の愛ないし霊との出会いとその受容・宿り」とを身をもって証しすることになるのである。

言い換えれば、われわれが自らのロゴス的力をはじめとして気概的力や欲望的力を——それらはプラトン以来、魂の三部分的な力として語られていたのだが——、自然・本性に従った仕方で、つまり〈善く〉用いるときには、人と人、人とものとは相俟って、「存在の現成」、「神の顕現」に何らか与りゆくことになろう。そしてそこには、「自然（ピュシス）のロゴス化」とも呼ぶべきことが現出しているのである。

ちなみにこのことは、古代ギリシア哲学の伝統に対して、ヘブライ・キリスト教の伝統における「身体・質料の復権」という標語で指し示されよう。すでに述べたように、人間的自然・本性は「動き」のうちにあり、「より善きものにか」、「より悪しきものにか」という変容可能性を有するが、身体ないし身体性は、そうした変容可能性を担っているのである。

今一つ重要なことは、「より善きものへの変容」にあって、精神的エネルギーが身体的エネルギーと相俟って、ある意味でいっそう高次のものへと変容し再形成されうるということである。それは「身体の聖化」という事態の内実をなすことであった。そしてそれはとりわけ、古来の修道の生において体験されていたことでもあろう。

以上のような事柄は、「創造の持続と展開」という意味合いを有する。そのように見るとき、本章のはじめの引用文にある「存在物における五つの異なり」をほかならぬ人間が結合にもたらす道が、改めて問われてくることになる。

三　五つの異なりの結合・一体化

このことについてはその要点のみ記せば、次のように為されてゆくという。

（i）第一に人間は、万物の神との結合・一体化をもたらすために、まず「男性と女性」という自らに固有な異なりを振い落としてゆく。そこにあっては、神のアレテーの不受動な（情念から解放された）姿が見つめられている。つまりそれは、諸々の悪しき情念と闘い、それらを超えゆくような、「古来の修道のかたち」でもある。

（ii）第二に人間は、聖人にふさわしい歩みによって「楽園（パラダイス）と人の住む世」との異なりを結合して、一つの地を作った。そこでは、諸部分の異なりをもたらすものは、一つの秩序へと集約されている。

(iii)　第三に人間は、アレテー（善きかたち、徳）に即して天使的な「生の同一性」に与ることにより、「天と地」という異なりを結合・一体化させる。そこにおいては、全く分割されぬ一つの感覚的被造物が形成されている。その際、人間は霊（プネウマ）によって軽やかなものとなり、物体的重さによって地へと結びつけられておらず、知性（ヌース）が神へと純粋に導かれているという。

(iv)　第四に人間は、「思惟されるものと感覚されるもの」という異なりを互いに結合・一体化する。つまり、知において天使たちと同等の仕方で、被造物全体を一つの被造物として形成するであろう。そこにあっては、知恵（ソフィア）の無限の流れが注がれ、知られざる神についての観点（知）がそれにふさわしい人々に提示される。

(v)　そして第五に人間は、「被造物全体を非被造的自然・本性（神）の愛によって結合・一体化させる。それは、神の驚くべき人間愛によるという。そのとき人間は、全体が全体的に神と交流し――実体（ウーシア）に即した同一性は除いてであるが――、全体として何らか神的なものになる。そして神への上昇のいわば褒美として、すべての自然・本性的な動きの目的であり無限の存在である神を、自らに受け取るであろう。（以上のことは『難問集』、邦訳三〇三―三〇五頁による。）

このように人間は、「諸々の存在物における五つの異なり」を順次に結合・一体化させる役割を担っている。しかし、そうした壮大なことが「いかにして現にこの身において成立しうるのか」と問い直されるなら、われわれのうちに潜む「自然・本性への背反」、「神への背反」としての罪が、改めて問題となろう。

さて、次の一文は原初的罪の成立を如実に示している。それは、「すべての人は罪のもとにある」（ローマ三・九）と語られるゆえんを、人間の端的な生成（ゲネシス、創造）の場面に立ち帰って、すぐれて明らかにしているものであった。

人間は創られたものとして、自らに固有な根拠（アルケー）――それをわたしは神と呼ぶ――としての不変なものをめぐって自然・本性に即しては動かされず、神の下なる諸々のものをめぐって動かされてしまった。すなわち、人間はそれらを支配すべく神によって定められていたのだが、自ら進んで（意志的に）自然・本性（ピュシス）に背反して、それらによって動かされてしまったのである。

つまり人間は本来、生成（創造）に際して「分割されたものを結合・一性にもたらしうる自然・本性的力」を与えられていたのだが、かえってその力を自然・本性に背反して用いて、結合されたものの分離を招来させてしまった。そしてそのことによって憐れにも、「在らぬもの」へとさ迷うような危険をあえて犯してしまったのである。（『難問集』、邦訳三〇五頁）

この文章は、言うまでもなく創世記第三章の「アダム・エバのいわゆる原罪」について、とくにエバの誘いに対する「アダムの意志的同意」の解釈として語られている。このことについては、先に「創造と罪との原初的関わり」という主題のもとに、「アウグスティヌスによる解釈」として論じたところであり、マクシモスの論もそれと軸を一にしている。ここでは、注意すべきことについてのみ確認しておこう。

創世記のその箇所は、過去の物語風に記されているが、それは象徴的には、時と処とを超えて「今、ここに」すべての人に関わる意味を有する。すなわち罪とは、特定の個人における過去の出来事に留まるものではない。端的に言えば、罪とはほかならぬわれわれ自身のことであり、しかも「わたし・自己の真の成立」にいわば逆説的に関わる何ものかであろう。

ところで、「わたし・自己」は自由・意志を有する存在者として、「悪しく意志する」という「神への背反（罪）」という方向にも、その都度の今、つねに晒されている。しかし、そうした「負の可能性」が何らか否定され浄化されることを介して、はじめてわたし・自己が現に成立してくるであろう。

それは、「神への意志的背反」（罪）という「否定の姿」が否定されてゆくことである。とすれば、人間・自己の真の誕生は、この時間的世界における「生成の方式」としては、二重否定的な仕方で現実のものとなりえよう。そしてそのことには、罪というものが逆説的にではあるが、不可欠の媒介ないし契機として介在しているのである。

四　キリストによる「五つの異なりの結合・一体化」

さて、われわれは「自然・本性への、そしてその根拠たる神への背反」と言う原初的罪を、自力のみによっては否定しえず、そこから真に脱却することもできない。誰しも魂ないし精神の弱さと罪を抱えているからである。それゆえ、「自分の意志する善は、これを為さず、意志しない悪を為している」（ローマ七・一九）というパウロの悲痛な言葉は、われわれ自身のものでもあろうし、またそうでなければなるまい。そして恐らく、自らのうちなる弱さと罪とを何ほどか自覚することから、すべての哲学と宗教の探究も始まりうるであろう。

それはともあれ、われわれは「神への意志的背反」（罪）から、自力のみではいかにしても脱出しえない。が、そこにおいてこそ、受肉したロゴス・キリストによる恵みが語り出されるのであった。実際、先述の「五つの異なりの結合・一体化」ということの成立根拠として、その文脈に続いて「受肉したキリストの働き（神人的エネルゲイア）」が諄々と語られている。それについて証聖者マクシモスの次に引用する言葉は、明晰で透徹したものである。ただ、実はそうした把握は、原典にあって「キリストの十字架と復活」という事態に関して象徴的・哲学的な解釈が提示された後で、その土台の上で語られていた。しかし、そのことについては本書の論の流れからして、次章で吟味してゆくことにしたい。

かくして、諸々の自然・本性は新たにされることになる。しかし、それは自然・本性を超えた逆説的な仕方によるものであって、言うなれば、「自然・本性としては全く動かぬもの」が「自然・本性として動かされるもの」の方へと、不動な仕方で、また自然・本性を脱して動かされる。こうして神（神なるロゴス）は、失われた人間を救うために人間となるのである。……そのようにしてキリストは、神と父との偉大な意志をあらわに示して成就させることになる。

すなわち、すべてのものは「子において創られた」のだが（ヨハネ一・三、コロサイ一・一六）、キリストは天にあるものと地にあるもののすべてを、自らのうちに再結合するのである（エフェソ一・一〇）。実にキリストは、われわれにおける異なりから始め、万物の普遍的な結合・一体化を自らのうちに担って、完全な人間となる。すなわち、われわれから、われわれを通して、われわれに即して――罪は除いてであるが――われわれのすべてを欠くことなく有し、しかも結婚の自然・本性的な順序（方式）を必要としなかったのである。

（マタイ一・一八、ルカ一・三五など）。（『難問集』、邦訳三〇五―一三〇六頁）

このように、キリストによる「万物の再統合」を語る文脈は確かに壮大である。しかし、それはひとえに、聖書の証言する「イエス・キリストの姿とわざ」を観想することを通して見出されたものであろう。しかもそのことは、使徒たちをはじめ多くの人々における「キリストとの出会い」に、そしてつまりは「神的働き・霊の受容と宿り」という根源的経験に淵源するのである。

そのことを念頭に置いて、次に「五つの異なりの結合・一体化」の道筋を原典に即して簡潔に祖述しておこう。

（ⅰ）第一に受肉した神なるキリストは、「男性と女性という異なりと分離」を取り去った。この点、神的なパウロは、「キリストには男性も女性もない」（ガラテア三・二八）と語っている。つまりキリストは自らにおいて、全体として変容したかたちを示し、不壊の似像を保っているのである。

（ⅱ）第二にキリストは、人間に適合した生活様式を通して「われわれの住む世」を聖化し、死後の「楽園（パラダイス）」への道を開いた。それは、「今日あなたはわたしとともに楽園にいるだろう。」（ルカ二三・四三）と、イエスが十字架上で盗人に告げている通りである。それゆえキリストにあっては「われわれの住む世と楽園との異なり」は存在しないが、そのことをキリストは、死者からの復活の後に弟子たちに明らかにするのである。

（ⅲ）第三にキリストは、天に昇ることによって（ルカ二四・五一）、明らかに「天と地」とを結合・一体化させた。われわれと同じ自然・本性で地上的身体をもって天に入ったからである。そして、感覚された自然・本性がそれ自体として最も普遍的なロゴスと一つになっていることを示した。すなわちキリストは、「天と地」とを分けている分離の特徴を自らのうちで覆い隠したのである。

(iv) 第四にキリストは、魂と身体というわれわれの自然・本性をもって、天の神的で思惟的なもの」を結合・一体化させた。そのときすべての被造物は、最も根源的で普遍的なロゴス(キリスト)に集約されることになる(エフェソ一・一〇、ヘブライ一・一〇など参照)。

(v) 第五にキリストは、最後にこれらすべてに加えて、人間的な知(思惟)に即して神自身に達する。つまりわれわれのために、父なる神の面前に人間として現れる。

しかしロゴスとしては、決して父から切り離されえない。すなわちキリストは、みずからが「神として」あらかじめ定めたすべてのものを、「人間として」変わることなき聴従に即した(ローマ五・一九、フィリピ二・八)わざと真理とによって成就した。こうしてキリストは、父なる神のすべての意志をわれわれのために完成したのである(ヨハネ五・三〇、六・三八—四〇、一六・一三—一五など参照)。だがわれわれは、そのためにはじめから与えられていた力を誤用することによって、それを無益なものにしてしまっていたのである。

(『難問集』、邦訳三〇六—三〇八頁による)

ここに示されているように、「存在物における五つの異なり」は、「普遍的ロゴス（言葉、根拠）としてのキリストの働きによって、それぞれの段階で結合・一体化され、さらには全体として統合されてゆくという。

万物の再統合についての右の壮大な表現は、もとより聖書の全体に依拠したものである。そこに注意しておくべきは、それらがパウロに一つの典型を見るような「キリストとの霊的出会い」という原初的経験からこそ、新たに見出されてきたということである。そうした経験は「信・信仰（ピスティス）の成立」でもあろうが、実際マクシモスは右の文脈の最後に次のような言葉を発している。

これらのこと（ロゴス・キリストの受肉、人間としての誕生）とそれに関わる事柄は、いずれも真の新しさを有している。一方では、自然・本性と知とを超えた方式によって、他方では信のロゴス（言葉、意味）によってである。つまり、信のロゴスによって、自然・本性と知とを超えたすべてのことが、おのずと確信されたのである。（『難問集』、邦訳三一二頁）

キリストの名は「知られざる根拠の働き」のしるし

ところで、「キリストとの出会い」という使徒的経験は、その内実としては普遍的な意味を有している。つまり、それは単に人ごとではなく、時代、民族、場所などの違いを超えて、いわば同時的にわれわれ自身の経験でもありうる。もとより彼我の内的境位は大きく隔たっているとしても、「わたし・自己」の生成の根拠として「知られざる神」の働きとの出会いは、本来すべての人にとって切実な、真に問い披いてゆくべきものであろう。

ちなみに、「神はその顕現（受肉）の後にも隠されている」とは、教父の伝統にあって共通の理解であった。それゆえ、「キリストの名」にいたずらに躓く必要はないのである。というのも、一般的捉え方を後にして、「キリストの名」は、われわれ自身の存在の知られざる根拠の働きを指し示していると考えられよう。その点に関する限りは、たとえば「大日如来」、「阿弥陀仏」、「天」、「道」といった言葉とも、何らか通じるところがあるのである(1)。

右のように言えるとすれば、そうした問題場面の局外に自分を置いて、いたずらに客観的視点から聖書の言葉を分析して捉えるだけでは、「キリストとの出会い」、「使徒的な経験」の中心的位相に与ってゆくことができないであろう。従ってここにおいて、われわれは新たな問いに促されることになる。すなわち、先の文脈での「キリストという主語」は、そして「受肉したロゴス・キリストの働き・霊」は、いかにして、またいかなるかたちで「われわれ自身の魂ないし意志のうちに現前し」、それに適合して働きうるのであろうか。

このように素朴に問うゆえんは、われわれが幾多の人々の「キリストとの出会い」の内実を問い、「ロゴス・キリストの働き（神的エネルゲイア）の現前」を自らの道として多少とも進んでゆこうとするのなら、「キリストを主語とした歴史的ドラマ」を単に舞台上のドラマを観客席から見るかのように傍観者として眺めているわけにはいかないからである。

してみれば、われわれはここに最も根本的な問題の前に立たされよう。それは、「ロゴス・キリストの受肉、十字架（受難）、復活」という事態を、いわば愛智の道行き（＝哲学）として自らのうちに問い披いてゆくことである。そしてそれは、恐らく人間探究と神探究の普遍的な場面に、また意志論の最前線に関わっているのである。

註

（1）この点については、本書の最後に記した補論三「空海の思想についての覚え書き」を参照。

しるしの聖母　13世紀
（トレチャコフ美術館　モスクワ）

第一〇章　ロゴス・キリストの問題

もしキリストが復活しなかったなら、わたしの宣教は空しく、あなたたちの信仰も空しい（一コリント一五・二四）

もし人がキリストにおいてあるなら、新しく創られた者である。古いものは過ぎ去り、見よ、新しいものが生じた。（二コリント五・一七）

主は、「わたしの恵みはあなたに十分である。なぜなら、力は弱さのうちにおいてこそ全うされるからだ」とわたしに語った。それゆえ、キリストの力（働き）がわたしを覆う（わたしに宿る）ために、むしろ大いに喜んでわたしは自らの弱さを誇ろう。そこでわたしはキリストのために、弱さ、侮辱、窮乏、迫害、行き詰まりにあって喜ぼう。なぜなら、わたしは弱いときに強いからである。（二コリント一二・九―一〇）

神の力の強大な働き（エネルゲイア）によってわれわれは信じるのだが、その神の力はいかに強大であることか。神はその力をキリストのうちに働かせて、キリストを死者の中から復活させたのである。(エフェソ一・一九―二〇)

われわれはつねにイエスの死を、自らの身体に負って歩んでいる。イエスの生命がわれわれの身体に現れるためである。すなわち、われわれ生きている者は、イエスのゆえに死へと引き渡されているが、それはイエスの生命もまた、われわれの死すべき肉のうちに現れるためである。(二コリント四・一〇―一一)

一 キリストの復活とその証言の意味

右に引用したのは、いずれもパウロ書簡中の印象深い言葉である。以下においてはそれらを全体として受けとめ、そこに秘められた意味を恐らくはすべての人に関わるものとして問い進めてゆきたい。あらかじめ注意しておくべきは、次のことである。

(i) キリストの復活とは、必ずしも単に客体的な事実ではない。つまりそれは、通常の「知の対象」ではなく、「信・信仰の対象」である。しかし、その「信」の意味が問題なのである。

（ii）使徒たちの「キリストとの原初的・根源的出会いの経験」が、「復活したイエスへの信仰の母体」である。[1] このことは、本書における探究の当初からの基本線であった。

（iii）「使徒たちの真実」は、普遍的に「人間の真実」でもあろう。その姿を新たに成立させた力・働きとして、キリストのうちに働いた「神の力・働き」がとくに注目される。そしてそれは、十字架の死をも超えて現前した生命の働き（ヨハネ一・四）でもあろう。

（i）について。たとえば、一般に知識人（多くはキリスト教の外にいると思っている人）が「キリスト教」や「キリスト」について語るとき、「知っているもの」を語っている嫌いがある。しかし、キリスト教やキリストは客体的な知の対象ではないのだ。そこで、根本的なこと・ことばに関する限りは、いわゆる「ソクラテス的な態度」が肝要であろう。つまり、「知らないのに知っていると思う」ことと「それを保持している自己」とが、まずは砕かれ明け渡されなければ、問題の中心的位相に与りゆくことがむずかしいであろう。いわば「対象化のわな」は、誰に対してもつねに待ち受けているのである。ただし、謙遜に、心抜いて信じ生きるなら、それで十分であろう。ちなみに、「主を畏れることは知恵のはじめ」（箴言一・七）とある。

（ii）そこで、「キリストの復活」が何にもとづいて証言されたのか問うことが必要であろう。

それが客体的事実だなどとは（キリストの空の墓すら）、聖書も主張していない。かえって、使徒たちが（また多くの人々が）自らの頑なな自我の砦を打ち砕かれ、諸々の情念や罪（神への意志的背反）をなみされた経験のうちに、それをもたらしえた働きが改めて問い披かれた。

聖書はまずは「使徒たちの新たな甦り」（新しい生の誕生）を語り、その経験をもとに「復活したイエス・キリストへの信」を語っている。その際、「キリストの名」は単に個人の名である以上に、人間的自然・本性の変容をもたらしえた「知られざる超越的力・働き」を指し示しているのである。

とすれば、「キリストとの出会い」によって、あるいは「十字架の死をも凌駕した神の働きによって」「生の根底的変容」が生じ、それをもたらした根拠の力・働きが凝視された。そこにキリストの働きに対する「信・信仰」が生じる。そして、それはまた、「ロゴス・キリストの受肉存在（神性と人性との結合たる神人的エネルゲイアの源泉）を証示しているのである。

（iii）ところで、使徒たちに生起した「生の根底的変容」は、人間的自然・本性の開花した姿たる「人間の真実」を示している。（それは「神の真実」を指し示すものでもある。）そしてその成立の可能根拠が、神的ないし神人的エネルゲイアの現前なのである。

そこに「新しい人」の誕生が語られているが、それは単に使徒たちにのみ生じた特異な出来事ではなく、すべての人に生じうる普遍的なことと考えられよう。なぜならそれは、およそ人間の自然・本性（ピュシス）を場とし身体として生じた出来事だからである。
そうした事態は、いわば「身心脱落」のような己自身を超えゆく脱自的経験（エペクタシス）を介して生じうるものであろう。それゆえ、「キリストの力（働き）が、弱さと罪を抱えたわたしを覆う」と語られているのである。

さて、「神はその力をキリストのうちに働かせて、キリストを死者の中から復活させた」（エフェソ一・二〇）とある。その言葉は、人間のうちに神の力の働きが現前したということを証示している。してみれば、そうした人間的かつ使徒的経験を離れて、「キリストの復活」を単に客体的出来事だと主張してはならないであろう。すなわち、神人的エネルゲイアの働きによる「生の根底的変容」という根源的経験こそが、「復活者イエスへの信仰の母体」なのである。

二　主の変容と使徒的経験

そして六日の後、イエスはペトロとヤコブとその兄弟ヨハネを連れて、自ら高い山に登った。イエスは彼らの前で変容し、その顔は太陽のように輝き、衣は光のように白くなった。見るとモーセとエリヤが現れ、イエスと語り合っていた。……ペトロが話しているうちに、光り輝く雲が彼らを覆った。すると見よ、「これはわたしの愛する子、わたしの心に適う者である。これに聞け」という声が雲の中から聞こえた。（マタイ一七・一―五）

キリストの弟子たちのある人々は、聖書に記されているところによれば、アレテー（善きかたち、徳）の熱心さによってキリストとともに上昇し、キリストの顕現の山に引き上げられた。そこにおいて彼らは、変容したキリストにまみえた。その姿は、顔の光のゆえに近づくことのできないものであった。また彼らはキリストの衣服の輝きに驚き、傍らにいたモーセとエリヤの称讃によって、キリストの畏れ多いことを知ったのである。

（『難問集』、邦訳一〇九頁）

右の二つの引用文は、「タボル山における主の変容」と、それに対する証聖者マクシモスによる解釈の一文である。「主の変容」とは共観福音書が一致して伝えることであり、小さからぬ意味を持つ出来事であった。しかもそれは、後に述べるように、「キリストの復活の証言」とも、経験の内実としては深く通じるものがあるのである。

そこでまず、マクシモスによる解釈の基本線を提示しておこう。

（ⅰ）「キリストの変容」は、単に客体的な出来事として報告されているのではない。

（ⅱ）「キリストの変容」と「使徒たちのアレテーへの上昇」とは、不思議に連関している。

というのは、「神性とのヒュポスタシス的（ペルソナ的）結合」という「キリストの畏れ多い姿」は、その働き（エネルゲイア）によって使徒たちのアレテー形成の根拠となっているからである。逆に言えば、「使徒たちのアレテー形成」は、その成立の根拠として「キリストの神人性存在のエネルゲイア」を証示している。（ただしキリストのウーシアは、最後まで隠されており、知られざるものに留まるのだが。）

ところで、こうした事柄に関してマクシモスはさらに、次のような驚くべき言葉を発している。


そして使徒たちは、肉による生を終える前に、霊（プネウマ）が彼らのうちに働かせた「感覚的働きの変化」によって、肉から霊に移った。つまり、諸々の情念を覆い彼らの知的力によってそれらを取り除いた。そのとき彼は、霊によって魂と身体との感覚的なものが浄められ、自らに示された諸々の「神秘のロゴス（意味）」を教えられるに至った。すなわちキリストの顔の光輝く至福の光線は……「キリストの神性」の象徴なのである。

彼らはキリストが「肉（人間）となったロゴス」にほかならないことを知った。そしてキリストが、「はじめに在り、神とともに在り、神で在った」（ヨハネ一・一）ことを学び知るのだ。つまり彼らは、「万人にとって捉えられぬもの」としてキリストを称えるという「神学的な否定によって」、恵みと真理に満ちた「父の独り子」たる栄光（同、一・一七）に知的に上昇せしめられたのである。（『難問集』、邦訳一〇九―一一〇頁）

この文中、「感覚的働きの変化によって肉から霊に移った」とは、魂と身体とのより善き結合によって「生の根底的変容」が生じたことであろう。そしてそれは、「キリストの神性の働き」に与ってはじめて生起する。すなわち生の変容という経験が、その成立の根拠として現前した「キリストの神性の働き」を証示している。しかもそのことは、改めて言えば、受肉したロゴスの神人性を、つまり「神性と人性との不可思議なヒュポスタシス的結合」を指し示しているのである。(2)

世界の創造の前に存した「神のかたち」

さて、マクシモスは続いて、「主の変容」のさらなる解釈として次のように洞察している。

主は初心者にはしもべのかたちで現れ（フィリピ二・七）、かの変容の山に登る主に従う力のある人々には、世界の創造の前に存した「神のかたち」で現れる（マタイ一七・二）。それゆえ、主とまみえるすべての人々にとって、主は同一の姿で現れることはありえず、それぞれの人における信・信仰の測りに従って、別様に現れるのである。

（『神学と受肉の摂理とについて』Ⅱ・一三、『フィロカリア』Ⅲ所収）

ヨハネ福音書において、ロゴスは世界の創造の前に「はじめに在り、神とともに在り、神で在った」（ヨハネ一・一）と記されている。そうしたロゴスが「肉（人間）となってわれわれ（人間的自然・本性）のうちに宿った」（同、一・一四）。またパウロの表現では、「イエス・キリストは自らを空しうして（無化して）しもべのかたちを取り、人間となった」（フィリピ二・七）とある。「神の子イエス・キリストの受肉」を高らかに宣言したくだりである。

しかし右の引用文では、「主の変容」という事態は、かつてモーセに自らを啓示した神（ヤハウェ）の、つまり「わたしは在る」（存在そのもの）たる神（出エジプト三・一四）の、いわば時と処とを超えた現前を証示しているとされている。また、「キリストの白くなった衣服は、創造そのものの象徴」だという。

そしてさらにマクシモスは、「受肉した主」が「全く不可視で超越的な主自身」の象徴的な現れだと解釈している。すなわち、「主は自己自身によって象徴的に自らを顕現させ」、その現れを通して、すべての被造物を全く不可視で隠れた自己自身へと導くという。

もとより（超越的な）主自身は、不可視で万物の彼方に隠れており、いかなる存在物によってもいかなる仕方によっても語られえない。しかし、人間愛によって、肉を通して指し示された「無限な神的わざ」の現れを人々にもたらすのである。（『難問集』、邦訳一五一頁）

「キリストの復活」と「主の変容」との内的な構造

右に述べたような象徴的解釈によれば、「主の変容」という事態には不思議な意味と構造が秘められている。

そこで、まず確認すべきは、「変容の主キリスト」の神的働き（エネルゲイア）が使徒たちに現前し、それとともに「主の変容」が語り出されているということである。その際、彼らは「変容した主の光（神的エネルゲイア）」によって照らされ、アレテー（善きかたち、徳）に変容せしめられた。とすれば、そこにはある種の再帰的構造が存していることになろう。なぜなら、「主の変容」と「使徒たちの変容」とは、原因（根拠）とそのもたらす結果（具体的姿）とのように密接に関わっているからである。そのことは、いわば経験の順序からして次のように捉えられよう。すなわち、使徒たちの変容の姿は――それは可能性としては、すべての人の成りゆくべき姿であろうが――、その成立根拠として「変容した主の働き（エネルゲイア）の現前」を証示しているであろう。そしてさらには、先の引用文に語られていたように、「変容した主の姿は、世界創造の前に存する「神とともなる主自身」を、つまり「先在のロゴス・キリスト」（ヨハネ一・二）を指し示しているという。この点は、実は「創造と再創造」という事柄の根本に関わるが、本書の最後の章で改めて取り扱うことにしたい。

なお、先の文脈で、「変容した主のエネルゲイア」は、主なるキリストの神性ゆえに「創られざるエネルゲイア」とも呼ばれうる[3]。そして、それを自らのうちに受容し宿す人は、その信と聴従との度合に従って「神性との結合への道」、「神的生命、神的存在に与りゆく神化（テオーシス）の道」を、それぞれの仕方で歩むことになろう。もとよりそのことは、有限な身体的存在者としてのわれわれにとっては、どこまでも途上にあると言わざるをえない。それゆえにまた、ニュッサのグレゴリオスにおいて強調されていたように、「絶えざる生成」、「不断の創造」といった言葉が、その道の基本性格を表すものとなるのである。

以上のように捉えられるとすれば、「キリストの復活」と「タボル山における主の変容」という二つの事態は、使徒的でかつ普遍的な「経験の内実」としては、ほとんど同一の構造を有していると考えられよう。そしてそれらは、最も原初的には、キリストの復活についての使徒的経験と――それは「真の生命の顕現」（ヨハネ一・四）であったであろうが――、それに支えられた古来の「復活の信仰告白」とに淵源しているのである。

三　ロゴス・キリストの十字架と復活――神的エネルゲイア・プネウマの経験を問う

信・信仰（ピスティス）とは、われわれの無知によって殺された神の「われわれのうちなる最初の復活」である。（『神学と受肉の摂理とについて』Ⅳ・七〇、『フィロカリア』Ⅲ所収）

キリストのうちには神性の満ちあふれが身体的に宿っている。……あなたたちはキリストとともに葬られたが、またそのキリストによって復活させられた。それは、キリスト自身を死者のうちから復活させた「神の働き（力）の信・信仰によってである。……あなたたちはかつて罪過のうちにあって死んでいたが、神はそのあなたたちをキリストとともに生きさせ

たのである。（コロサイ二・九、一二―一三）

神性は無限に遠いものであり、全く接近しえない。しかしわれわれは、われわれにとって可能で近づきうるものとして、神性への信・信仰という定め（限度）を自らのうちに保持する。……そして神は、いかなる存在物によっても全く知られず、ただ信・信仰を通して、「信というかたちにおいて」何らか知られるに過ぎないのである。

（『難問集』、邦訳、一七〇―一七一頁）

代表例として右に挙げたのは、「復活」、「神・神性の働き」そして「信・信仰」の微妙な関わりを語った表現である。

はじめの引用文では、「信・信仰」という新たに生起した「魂・人間のかたち」が、十字架に死んだキリストの「われわれのうちなる最初の復活だ」とされている。こうした言葉は、復活や信仰などについてのある種の「先入見」ないし「偏見」を打ち破る力を秘めていると思われる。

改めて思うに、われわれは往々にして「信仰とは何か」ということを、「各人の自由に、ないし恣意的に選びうるもの」と考えているのではなかろうか。（信じるのも信じないのも人の勝手だという風に。）しかしマクシモスによれば、いわば「外なる出来事」と「人間のうちに新たに生起した変容の姿」、「善きかたち（アレテー）の成立」とは、単に独立の分離した事柄ではない。つまり、「信というかたちの成立」において、「キリストの復活」ということがこの有限な場に顕現してくると洞察されているのである。

また第二の引用文（コロサイ人への手紙第二章）は、「信・信仰の成立の根拠」を、端的に指示している。それは、言うなれば、「十字架の死をも凌駕して使徒たちに現前した神の働き（エネルゲイア）」である。これは言い換えれば、信とは、「神的エネルギア・プネウマが人間的自然・本性のうちに受容されたかたち」だということであろう。

次の第三の引用文は、そのことを哲学・神学的に捉え直している。すなわち、神・神性は無限なるもの、知られざるものであるが、新たに生起した「信・信仰というかたち」として「何らか知られ、具体化してくるのである。神やキリストという言葉と事柄は、誤解を恐れずに言うなら、必ずしもキリスト教にのみ特有のものではない。つまり、もしすべての人が、超越的で知られざる働きに聴従するなら、それを魂のうちに何ほどか受容しうるであろう。とすればそのことは、通俗的かつ一種学的に了解された「キリスト教」の枠組を超えた、普遍的な事柄だと思われる。

さてそこで、改めて強調するとすれば、「キリストの復活」という事態は、常識的かつ学的な

「知の対象」ではなく、あくまで「信の対象」である。しかし問題はそもそも「信・信仰とは何か」ということであり、その成立をもたらした神的働きの機微を問い抜くことである。すなわちそれは、「無限なる根拠（神）のエネルゲイアの現前」を、ほかならぬ自らのうちに凝視することであった。

それゆえにこそ、「信とは、われわれの無知（ないし傲り）によって殺された神（キリスト）の、われわれのうちなる最初の復活だ」と喝破されていたのである（第一の引用文）。かくして「キリストの復活」ということを、単に二千年前の特異な出来事として「対象化」するだけではなく、むしろ時と処とを超えて、「今、ここに」われわれ自身における「信の成立」（新しい人の誕生）を可能にする「神的エネルゲイアの現前」を注視してゆかなければならないであろう。

十字架の死を凌駕した神的生命のエネルゲイア

ロゴス・キリストとは――教父の伝統における教理的探究を承けて――証聖者マクシモスの見定めたところによれば、「神性と人性とが不可思議に交流し結合した存在」であった。そうした主体・源泉から、神的かつ人間的な神人的エネルゲイアが発出し働く。それは、十字架の死をも凌駕して使徒たちに現前した「神的生命のエネルゲイア」でもあった。

言い換えれば、「ロゴスのうちなる生命」（ヨハネ一・四）が、「十字架の死を否定する働き・エネルゲイア」として新たに使徒たちに現前し――可能性としては、時と処とを超えてすべての人にであるが――、生の根底的変容をもたらしたのである。そして改めて言えば、そうした根源的経験こそが、ロゴス・キリストに関する諸々の教理の成立にとって礎とも土台ともなったと考えられよう。

なお、ロゴスのうちなる生命のエネルゲイアは、十字架の死が「生命の否定」であり、その死を否定して甦らせるものゆえ、「否定の否定」という二重否定的な性格を有する。従って、この意味で「キリストの十字架」とは、象徴的には「自己否定の範型的エネルゲイア」として、さらには「神的ロゴスの生命をもたらすもの」として捉えられることになろう。

またそのことは、「われわれの生命なるキリストの顕現」（コロサイ三・四）という言葉の指し示すところであった。それは次のように説き明かされている。

従って、今やキリスト・イエスに在る人々は罪に定められることがない。なぜなら、キリスト・イエスにおける生命の霊（プネウマ）があなたを罪と死との法から解放したからである。（ローマ八・一―二）

周知のごとくイエスは、自らの存在を開示して、「わたしは道であり、真理（アレーテイア）であり、生命である」（ヨハネ一四・六）と語っている。また、「真理はあなたたちを自由にするだろう」（同、八・三二）とある。

しかもさらに、こうした文脈中の「私は……で在る」（エゴー・エイミ）というイエスの言葉は、教父の伝統にあっては、かつてシナイ山でモーセに対して「わたしは在る（在らんとする）」と自らの名を啓示した神（ヤハウェ）が、ほかならぬイエスの存在としていわば同時的に顕現したことと解されるのである。

ところで、使徒たちに新たに生じたのは、自己の全体を捧げゆくような透徹した生であった。しかし、その成立は自力のみではありえず、くだんの神人的エネルゲイアに与ることによって可能であった。それは、すでに述べたように、その生じ来たる主体・源泉たる「ロゴス・キリストの受肉存在」の現存を証示しているのである。

ただその際、「ウーシアとエネルゲイア」とは峻別される。すなわち、キリストのウーシア（本質・実体）は決して知られえず、そのエネルゲイア（働き、活動）が何らか経験され知られうる。「キリストはその顕現（受肉）の後にも隠されている」と言われるゆえんである。

ちなみに、右に述べてきたことは、「キリストの受肉や復活」といった事柄を単に人間的経験のうちに解消してしまうなどということではない。というのも、根本の問題場面においては、人間の仮初の存在基底はいわばなみされており、そうした原初的経験に現前してくる神的エネルゲイアが注視されるからである。

四　キリストの十字架は根拠のしるし・象徴

われわれの主イエス・キリストは、人間性の把握にもとづいて固有の根拠のしるし・象徴を受け取り、自らの十字架を肩にかついで登場した。キリストはまず自らがそれを担い（ヨハネ一九・一七）、次に他の人々にも与える。すなわち、最初に根拠（アルケー）を手に有する人が、そうした根拠によって歩む人々を導いてそれに従いゆく人々の前をゆかなければならない。……

この点、諸々の象徴を知る人々は、肩とは「実践のしるし」であり、十字架とは不受動心（情念からの解放）（アパテイア）のしるし」だと言っている。それゆえ、われわれの主なる神は、これらの謎の指し示すものを（つまり完全な実践と不受動心のことだとわたしは言うのだが）遂行し、主に従う人々が虚栄によって実践を消滅させてしまわないように、主自らがそれを成就させてゆく姿を示した。そして彼らに向かって、「この象徴はわたしの命じるところだと、透徹した仕方で叫んだのである。（『難問集』、邦訳二七七―二七八頁）

この文章は、十字架の意味を極めて象徴的に語ったものであるが、ナジアンゾスのグレゴリオスの次の言葉に対する解釈として述べられている。(4) それは、「幼児がわれわれに誕生し（イザヤ九・五）、子が与えられる。その根拠は彼の肩の上にあり、彼は十字架につけられる」（『降誕祭の講話』第二章）という表現であった。

しかしそれにしても、「十字架が不受動心（アパテイア）のしるし」などと解釈されるのはなぜなのか。そのように問うとき、マクシモスの一見奇異とも思える表現が、パウロ書簡と福音書の言葉に深く依拠し、それらの意味連関を見つめたものであったことに、改めて気づかされよう。

十字架のロゴスは神の力

そこでまず注目されるのは、「十字架のロゴス（言葉）は神の力である」（一コリント一・一八）

と喝破されていることである。そうした力とは、キリストの十字架上の死を介して使徒たちに現前した「神の働き・わざ」であろう。ただその際、「死」という言葉は、通常の「生命の死」という意味ではなく、「情念や罪（神への意志的背反）の死」という意味合いで用いられている。従ってそこにあって「キリストの十字架」という言葉は、とりもなおさず、「十字架の死をも凌駕して使徒たちに現前した神の力（働き）」を指し示していると考えられよう。

思うに、一般の通年ではキリスト教の特殊な教理に属すると看做される事柄も、一歩踏み込んでその真相を問うてゆくなら、実は普遍的に哲学・倫理学の、そして行為論と意志論の「いわば最前線に位置するもの」として姿を現してくるであろう。

たとえば、「贖い」とは、確かにキリスト教的な（あるいはキリスト教臭い）事柄である。が、その内実は、右に述べたように、「情念の死をもたらすような不受動心」がわれわれの魂・意志に生じることであろう。また「救い」（ソーテーリア）とは、「健やかさ」（ソース）に由来する言葉であるが、病んでいる魂、つまり情念と罪に捉われた魂が神的働きによって「健やかなもの」に成らしめられることと解されよう。そして、そこに現前し働いているのが、「十字架のロゴスなる神の力」（一コリント一・一八）なのである。

さて、パウロによれば、「すべての人は罪のもとにある」（ローマ三・九）。それは、すべてわれわれが意志の構造として、「神への意志的背反」の方向にもつねに晒されているということであった。しかし、「十字架のロゴス（神の力）は、そんなわれわれの魂と意志のうちにも現前しうる。そのことについて、とりわけ想起されるのは、パウロの次の言葉である。

> わたしの愛する者たちよ、あなたたちが〔神に〕つねに聴従したように、わたしがともにいるときだけでなく、いない今もなおさら聴従して、恐れおののいてあなたたちの「救い」を達成するよう努めるがよい。なぜなら、あなたたちのうちに働いて、御旨を為さんために〔善きことを〕意志させかつ働かせているのは、神だからである。（フィリピ二・一二―一三）

これは、人間の意志が「善く働くこと」（善く意志すること）の可能となる根拠を問うとき、一つの指針ともなる言葉である。すなわち、神の働き、神の霊と人間的自由・意志の働きとは、本来は決して単に対立するものでも二者択一的なものでもない。むしろ「人間的自由の善き働きとして」、また「そのうちに」神的働きが生成・顕現してくるであろう。つまり、神性の徹底した超越性ゆえに、その働き・霊は人間的自由・意志（ないし魂）のうちに、最も深く内在しうると考えられる。

なお、その間の機微について、証聖者マクシモスは、次のように洞察している。

> 霊（プネウマ）は、われわれのうちで自由・意志を新たに形成しつつ、善の顕現へと働かせる。（『タラッシオスに宛てて』PG90, 281B）
>
> 神は、われわれの善きわざを通して自らを顕現させ、自らの住まう聖なる神殿としてわれわれを建て、あらゆる情念から自由にさせるのである。
>
> （『神学と受肉の摂理とについて』V・七八、『フィロカリア』Ⅲ所収）

これらの文章からも窺えるように、神は人間の意志を強制するのではなく、その同意と聴従との度合いに従って、あるいは「信・信仰の測りに従って」、魂・人間のうちに善く働きうるであろう。しかし逆に、われわれが神に背反して「悪しく意志する」なら、自らの存在の欠如を招くとされている。

ただ、そうした悪しく意志することすら、根拠としての神的ロゴスの働きなしには成立しえない。この点、有名な「ぶどうの木の喩え」が改めて想起される。つまり、われわれが自ら実（善きわざ）を結ぶための礎・土台として、イエスは「わたしに留まるがよい。わたしを離れては、あなたたちは何も為しえない」（ヨハネ一五・四―五）と語っている。

しかし、そこには微妙な関わり（重層構造）が潜んでいる。すなわち、神の子イエス（受肉したロゴス）の働きを離れては、われわれは「何も為しえない」と同時に、その神的働きにわれわれが意志によって聴従することなしには、「善く為しえない」のである。

両者は微妙につながっているが、それはいわば、「行為の超越的根拠」と「具体的な善きわざ・行為の成立」との関わりであろう。

かくして、人間の自由・意志に現前して働きうる神的働き（エネルゲイア）に注目するとき、「贖い」や「救い」といった特殊な教理に属すると思われていることも、実はすべての人に関わる普遍的問題として見出されることになる。

言い換えれば、「十字架の血による贖い」、「罪からの解放、救い」などという事態の内実は、「死をも凌駕する神的エネルゲイア・プネウマの現前によって」、われわれの罪（神への意志的背反）が何らか打ち砕かれ否定されることを意味すると考えられよう。

五　「キリストの十字架」と「われわれの十字架」との内的関わり

神的な師（ナジアンゾスのグレゴリオス）が「彼は十字架につけられる」という表現を用いるとき——それは「イザヤ九・五」についての『降誕祭の講話』中の言葉だが——、次のことがあらわに示されていると思われる。人間のロゴス的（言語・知性的）自然・本性が実践とそれに結びついた不受動心（情念からの解放）とにより高められることによって、明らかに「キリスト自身が十字架につけられる」と言われる。

すなわち人間は、階梯と秩序に即して高められ、不受動心の実践を通して「自然・本性的観想」へと動かされ、そこからさらに「神学的な神秘参入」（ミュスタゴーギア）へと動かされる。……かくして、ひとり至高の存在（キリスト）は、霊において十字架に引き上げられるわれわれを通して十字架につけられるのである。（『難問集』、邦訳二七八—二七九頁）

この文章には、一見不可思議なことが語られている。そこにおいては「キ、リ、ス、ト、が、十、字、架、に、つけられること」と「われわれが十字架につけられること」とが、内的に深く関わっているとされている。しかし、それは恐らく、単に逆説的なことではなく、またわれわれの通常の経験と無縁なことでもないであろう。

そこで改めて確認すれば、証聖者マクシモスによれば、十字架とは死をもたらすものとして「不受動心（アパテイア）のしるし・象徴」であった。それゆえ十字架（の働き）は、諸々の情念や罪の傾きを死に至らしめ、われわれを解放しうるものとして捉えられている。つまり、「キリストの十字架（の働き）」とは、それを介して人々に「生命の霊」の働き・力が現前するものであり、「不受動心を成り立たせる根拠（ないし範型）」であると象徴的に解釈されている。

ところで、そうした根拠（主なる神）に従おうと欲する人々は、「自己自身を否定し、自らの十字架を背負って私（イエス）に従え」（マタイ一六・二四）と命じられている。しかし、真に「自己を否定する」などということは、誰にとっても至難のわざである。実際われわれは、ややもすればこの世のさまざまな事物（人やもの）に執着し、情念に捉われているというのが、正直なところであろう。「すべての人は罪のもとにある」（ローマ三・九）と言われるゆえんである。それゆえ、「端的に自己を否定し不受動心を保つこと」は、自力のみではついに為しえないのである。

従って、われわれが象徴的に十字架につけられ、何らか自己否定のわざを為しうるのは、「キリストが十字架につけられること」によって現前する神の働き・力に与ることによるであろう。（それはつまり、神の恵み、神の憐みによってこそ、われわれの小さな善きわざも成り立ちうるということにはほかなるまい。）はじめに掲げた引用文は、右のような事態の意味を明らかにしようとするものであった。

キリストの十字架とわれわれの十字架との関わりの機微

では、キリストの十字架とわれわれの十字架とは、「われわれ自身の魂や意志の内なる現実として」いかに連関しているのであろうか。その問いはまた、贖罪や救いといったことが、われわれの魂ないし自然・本性のうちで「いかに実在的に働いているのか」を問うことでもある。

思うに、「ロゴスの受肉、十字架、復活、そして贖い」ということは、歴史全体を貫く宇宙的な出来事とも看做されよう。しかしわれわれは、そうした神的なわざをいわば舞台上の神学的ドラマを見るかのように、単に対象として語ることはできない。とすれば問題は、まずは最も素朴で原初的な場面を、つまり「神的働きのわたし・自己のうちなる現前の機微」を問い披いてゆくことに存するであろう。

ところで、「われわれが象徴的に十字架につけられ、不受動心により高められることによって」、「キリスト自身が十字架につけられる」とあったが、その真相は何なのか。そして両者は、内的かつ実在的にいかに関わっているのか。

そこには恐らく次のような機微が存しよう。われわれがほんの僅かでも「罪の否定のわざ」、あるいは「善きわざ」を為しえたなら、その成立根拠として「キリストの十字架による働き（エネルゲイア）」が、いわば「自己否定の範型的働き」として現前していると考えられよう。

なお、ロゴス・キリストの働きは、無限なるものとして恐らくは「つねに」現存している。しかしそれは「われわれが何らか不受動心や自己否定のわざを為すこと」（十字架につけられること）として、「あるとき」この時間的世界に現に生成・顕現してくるであろう。

とすれば、キリストの働き・わざは、その具体的な顕現のために、ある意味ではほかならぬ人間を、そして歴史を必要とするのである。すなわち、人間の「善きわざ」、「善きかたち（アレテー、徳）」が、ロゴス・キリストの働きの生成・顕現のための、いわば「場」、「道具」そして「身体」となると考えられよう。

かくして、一つのまとめとして言うなら、十字架につけられるという事態には、次のような不可思議な関係構造が存しているであろう。

（ⅰ）「キリストの十字架による働き（エネルゲイア）」は――それはキリストの「父なる神への聴従と信の働き」でもあろうが――、「われわれの十字架の働き」、つまり「自己否定と不受動心のわざ」が現に何ほどか成立してくるための根拠として、恐らくは超越的な仕方で「つねに」現存している。

（ⅱ）しかしそれは、われわれの自由な意志的聴従を介して、歴史上の「あるとき」さまざまな具体的かたちで生成・顕現してくるであろう。

してみれば、「われわれの十字架の働き・わざ」とは、「キリストの十字十架の働き」がこの時的世界にそれぞれのかたちで生成してきた姿だと思われる。従って、（ⅰ）は（ⅱ）の成立根拠であり、（ⅱ）は（ⅰ）の現出・具体化であろう。

言うまでもなく、キリストの十字架は歴史的な出来事であったが、証聖者マクシモスはそのことのうちに、永遠的なものと時間的なものとの「神秘的な出会い・瞬間（カイロス）と交流」を見ていた。すなわち、キリストの十字架の「歴史性」とある種の「身体性」を尊びつつ、「自己否定の範型的エネルゲイア」が、それに出会い聴従した使徒たちに現前したことを注視していたのである。

しかし、そうした事態は、人間的自然・本性にその生成（創造）のはじめから与えられていた可能性としては、時と処とを超えてすべての人に開かれている。従って、永遠的なものと時間的なものとの出会いと交流とが、僅かなりとも自らの「自己否定の働き」において、あるいは「根拠なる神への脱自的愛」において経験されるとき、はじめて「その名に値する歴史性」が生起してくるであろう。

十字架の階梯と「キリスト的かたちの形成」

身体性と時間性を抱えたわれわれにとって、無限なる神性に一挙に結合してしまうことはありえず、くだんの「十字架につけられる姿」には階梯ないし度合いが伴ってくる。なぜなら、「十字架につけられること」は、霊的・象徴的には「自己否定や不受動心のしるし」であったが、誰しもそれを完全には達成しておらず、最後まで途上にあるからである。

そこでマクシモスは、根拠ないし範型としての「キリストの十字架」にわれわれが何ほどか与ってゆく階梯を語っている。それは「生活の指針」ともなりうるものであろう。というのもそれは、他者との交わりにあって「善く生きること」の実現に密接に関わっているからである。

マクシモスの考察によれば、具体的な生活において「現に何が十字架につけられ、死にもたらされているか」ということには階梯が存する。それらを順に列挙するなら、（ｉ）、諸々の罪のわざ、（ii）、諸々の情念や執着、（iii）、情念についての単なる想像や思惑、（iv）、諸々の感覚されたものへの関わり、さらには（ｖ）、あらゆる感覚的働きに対する知性（ヌース）の動きなどである。

詳細は措くとして、基本的な動向を簡明に押さえておこう。もし具体的な罪のわざが死んでいるとしても、諸々の情念（怒り、妬み、欲望など）は、なおも残存していることがあろう。（それらがわれわれを悪しき行為へと誘う。）また、たとえ諸々の情念が克服されて（つまり十字架につけられて）いるとしても、それらについての想像や思惑などは残っていることが多いであろう。

なお、こうした事柄についてマクシモスは、端的に次のように語っている。

> あなたが大食、情欲、怒り、貪欲といった粗野な情念のいずれかに打ち勝ったときにも、「虚栄」の想念があなたに襲いかかる。しかし、もしあなたが虚栄に打ち勝ったとしても、「傲慢」の思いが続くのである。
>
> （『愛についての四百の断章』Ⅲ・五九、『フィロカリア』Ⅲ所収』）

ここに傲り・傲慢とは、われわれの魂の内奥の由々しい敵であり、「悪魔の名」でもあった。そこで、改めて思いを潜めておくべきは、「十字架につけられること」（何らか己に死ぬこと）のすべての階梯において、そのほんの僅かの成立のためにも、ロゴス・キリストの働き（神的エネルゲイア・プネウマ）が「自己否定の範型的働き」として現前し、分有されていなければならないということである。

かくして、神的働き・霊の働きないし恵みというものを、人間的自由の何ら関与しえないような、単に天下りの一方的なものとして祭り上げてはならない。というのも、そうした思想態度は、「わたし・自己の真の成立に関わる機微」に目を塞いで、神的恵みをいたずらに超越化してしまうことになるからである。また他の極として、人間的自由を肥大化させ、神とキリスト等々の働きを探究の局外に追いやることは、神なき世界を標榜することになる。しかしそれは、すべての人に与えられている人間的自然・本性への背反であり、つまるところ、「空虚なニヒリズム」ないし「転倒した快楽主義」に終るであろう。

各々の人は類比的にキリストを有し、キリストに成りゆく

マクシモスによれば、それぞれの状況において現前してくる神的エネルゲイア・プネウマを、

われわれが「意的聴従と信の度合いに従って」自らのうちに受容し宿すとき、そこに「キリスト的かたち」が形成されてくるという。そのことについては、さらに次のように説き明かされている。

各々の人は自らの力に即して、またふさわしい仕方で与えられた「霊（プネウマ）の恵みに即して、類比的にキリストを有する。ここにキリストは万人に対する死の（十字架を通して）〔自らが犠牲の子羊となって〕より高い上昇を為している。そのようにわれわれは、アレテー（徳）に即して自らに適合した定めで羊を捧げることによって、まさに神的な子を捧げる。なぜなら、各々の人に固有な羊は、人がイエス・キリストを捉え食しうるために、キリストになるからである。……キリストはある人にはこのように、他の人には他のようにという仕方で、全体が全体において見出され、すべてにおいてすべてとなるのである。

（『難問集』、邦訳三五九―三六〇頁）

ここに改めて注目すべきは、「われわれはアレテーに即して神的な子羊を捧げる」とされていることである。それはつまり、「十字架によるキリストの贖い、救い」といったことが、われわれの自由・意志を離れた外なる出来事に留まるものではなく、意志的聴従に従って生成し現出するような「魂・意志のうちなる神の働き・わざ」だということであろう。

言い換えれば、すでに述べたごとく、「キリストの贖い」という事態は、その根拠たる神的エネルゲイア・プネウマとしては、「つねに」時と処とを超えて現存しつつ、たとえばパウロにおける劇的な回心を現に「あるとき」成立させた働きの現前として、いわば人間的経験の内側から見出されてきたのである。

してみればわれわれは、さまざまな情念や罪に晒された自己の姿を見つめて、魂の内奥にて恐らくは「今もいつも」働く神的エネルゲイア・プネウマに聴従してゆくことが、何よりも必要であろう。そして、われわれが神の霊に聴従し霊の恵みを受容し宿しゆくことを、マクシモスは「類比的にキリストを有すること」と捉えている。それは「キリスト的かたち」の形成でもあったという。

このようにして神の子羊は食べられ、霊的な消化へともたらされる。そして霊によって変容された人々を、自らに向かって再形成するのである。すなわち神の子羊（キリスト）は、彼らの各々を〔頭としての〕自らの肢体として、食されたもの（キリスト）の場へと霊的に、また身体的調和の定めに従って導き変容させる。かくして、ロゴス（キリスト）は人間愛という仕方で、すべての事柄において自然・本性とロゴス（言葉）とを超えた唯一の実体（ウーシア）となるのである。（『難問集』、邦訳、三六五頁）

こうした表現は、われわれにおける「キリスト的かたちの形成」を、いわば「ミサ聖祭の場」に即して如実に示している。実際、そのように「霊の生命たるキリストのエネルゲイア・プネウマ」に分け与ることとは、具体的なこととして僅かに言及すれば、「十字架のキリストの体と血」に与ってゆくという、使徒たちの伝承にもとづく「エウカリスティア」（聖体祭儀）の内実でもあったのである。(5)

註

（1） E・スピレベーク『イエス――一人の生ける者の物語』（宮本久雄、筒井賢治訳、新世社、一九九四年）は、聖書の言葉の詳しい考察を通してこのことを明確に語り出している。

（2） ヒュポスタシスという語は、聖書の文脈にあって、神の働きないし霊（エネルゲイア・プネウマ）を受容して宿し、この時間的世界に生成・顕現してきた「個的現実」を意味する。（ラテン語ではペルソナ・面という語で示された。）それゆえ、「信・信仰の定義」のように語られた〈ヘブライ一一・一〉の表現は、「希望されているものの「現に顕現してきた個的現実」と解される。なお、メイエンドルフも言うように（前掲『ビザンティン神学』、「実体―本質」（ウーシア）、「自然・本性」（ピュシス）、「ヒュポスタシス」といった言葉は、古代ギリシアでの用例に比して「新しい意味（次元）に変容せしめられた。従って、一般に教父、ビザンティンの思想伝統を「キリスト教のヘレニズム化」、「東方のプラトニズム化」などと評するのは正しいとは言えない。そうした一種学的な見方がたとえば西欧の研究に多く見られるのは、恐らく「ロゴス・キリストの受肉」、「十字架」、「復活」などという事態をはじめから愛智（＝哲学）の探究の外に置いて、教父たちにおいていわば「素材ないし道具」として用いられているプラトン・アリストテレス的な用語の分析を旨としているからであろう。

（3）「タボル山における主の変容」、とくに「創られざるエネルゲイア」については、大森正樹『エネルゲイアと光の神学――グレゴリオス・パラマス研究』（前掲書）を参照）。そこには、「主の変容は弟子たち自身のそれであり、聖書の記事は、人間としての弟子たちの変容しうる可能性が披かれてくることに関心が向けられてくる」とある。

（4）ナジアンゾスのグレゴリオスは、バシレイオス、ニュッサのグレゴリオスとともに「カッパドキアの三つの光」と称せられる教父の一人だが、広瀚な『神学講話』という著作を残している。拙著において数多く引用している証聖者マクシモスの『難問集』は、主としてナジアンゾスのグレゴリオスのその著作の難しい箇所を敷衍し注解したものである。

（5）エウカリスティア（聖体祭儀）については、本書では示唆するに留めるが、次の第一一章の註（2）を参照。なお、後世エックハルト（一二六〇年頃――一三二八頃）は、「さまざまに分割された生を秘蹟（サクラメントゥム）単一な仕方で神化することへと集約すると言っている。この点に関して、中山善樹『エックハルト研究序説』（創文社、一九九三年）は、「不断の創造」、「秘蹟の現在」そして「神化」を語るエックハルトの文脈とともに考察している。

第一一章　全一的交わり（エクレシア）への道行き

われわれは一つの体・身体のうちに多くの部分（肢体）を持っていても、それぞれの部分が同じ働きをしているのではない。それと同様に、われわれ多くの人はキリストにあって一つの体であり、各々の人は互いに対して部分なのだ。われわれは自らに与えられた恵みに応じて、それぞれが異なる賜物を持っているのである。（ローマ一二・四―六）

体は一つであっても多くの部分を持っているように、キリストの場合も同様である。……もし一つの肢体が苦しめば、すべての肢体がともに苦しみ、一つの肢体に栄光が与えられれば、すべての肢体がともに喜ぶ。あなたたちはキリストの体であり、それぞれの人がその肢体なのである。（一コリント一二・一二、二六―二七）

エクレシア（教会）はキリストの体であり、すべてにおいてすべてを満たしている方（神）が満ちている場である。（エフェソ一・二三）

一　エクレシア（全一的交わり、教会）の姿と謙遜

これらの表現はいずれもエクレシア（いわゆる教会）についてのものであるが、大変意味深く、神秘的な事態を指し示している。

あらかじめ簡潔に言うなら、エクレシア（全一的交わり）とは、本来は恐らく時代、民族、場所などを超えて、「見えかつ見えざるかたちで」歴史を貫いて現存しているものであろう。既述のごとく、ロゴス的（言語・知性的）存在者としての人間は、自らの魂の根底に呼びかけている神に対して、自由・意志によって「善く」応答してゆく。そのときには、神的エネルゲイア・プネウマが何ほどか受容され宿されよう。そこに形成される霊的かつ全一的交わりがエクレシアの名で呼ばれるのである。そしてわれわれは、「すでに亡き人も今在る人もすべて」、それぞれの分（役割、運命）に応じて、そうしたエクレシアに参与してゆくべく招かれていると考えられよう。

ところで、そのような文脈は確かにキリスト教的なものであるが、その真に意味するところは

時代も民族も超えた普遍的なものだと思われる。

ここにとりわけ想起されるのは、往昔の修道者の言葉である。彼らは右に窺ったような「エクレシアの姿」を、最も素朴にかつ純粋に体現した人々であった。『砂漠の師父の言葉』（谷隆一郎、岩倉さやか訳、知泉書館、二〇〇四年）という珠玉の書物は、三―五世紀にかけての有名無名の修道者の言行録である。そこには、一般にエクレシアの意味に関わるものとして、たとえば次のように語られている。

生も死も隣人から来る。というのも、われわれが兄弟を獲得するなら、神を獲得し、兄弟を躓かせるなら、キリストに対して罪を犯すことになるからである。

（『砂漠の師父の言葉』、アントニオス・九）

三人の者が集まって、一人はよく静寂を守り、一人は病気でありながら感謝し、一人は清い考えで奉仕をしているとしよう。そのとき三人は、まさに一つのわざを為しているのである。（同、ポイメン・二九）

はじめの引用文によれば、隣人・他者との関わりのかたちは――その真相は神にとってのみあらわであろうが――、神との関わりを映し出すしるしである。それゆえ、他者との真の交わり（愛の姿）が実現することは、見えざる神との交わりに入ることであり、他方、他者をいたずらに躓かせることは、神（キリスト）に対して罪を犯すことになるとされている。

さらに、後の引用文では、いっそう明らかにエクレシアの意味が象徴的に示されている。そこにおいて三人の人はそれぞれ別の姿を呈し、別のわざを為している。しかし、三人は「まさに一つのわざを為している」という。その際、三人はそれぞれの分を担っているとともに、それらのわざ・行為の軽重や優劣の比較などという世の一般的な見方は、根底から否定されていると思われる。

では、三人が各様でありつつ一つのわざを為しているという、「その一つのわざ」とは何なのか。

それはある意味で、これまで述べてきたすべての論点の収斂するところであろう。一言で言うなら、それは恐らく、われわれが心砕かれた「謙遜」によって、それぞれの小さな分・役割を担うことであろう。(1) そしてそのことを通して、「霊的・全一的交わり（エクレシア）」に少しく参与してゆくことも可能となろう。

ちなみに、砂漠の師父たちは「謙遜」という至上の徳について、多くの傾聴すべき言葉を残しているが、次にその幾つかを挙げておく。

さらに彼女は語った。わたしたちを救うのは、苦行でも徹夜（の詩編朗唱）でも、どのような労苦でもなく、ひとえに真の謙遜です。事実、悪霊を追い払っている隠修士がいましたが、彼は悪霊に尋ねました。『何によってお前たちは追い出されるのか、断食か。』『われわれは食べたり飲んだりはしない。』『徹夜によるのか。』『われわれは眠りもしない。』『隠修生活によるのか。』『われわれは砂漠に住んでいる。』『では、何によって追い出されるのか。』彼は言いました。『謙遜以外に、われわれに勝つものはない。』ですから、謙遜がいかに悪霊に打ち勝つかが、分かるでしょう。」（テオドラ・六）

キリストの掟が指し示すところの謙遜によって、悪霊の傲慢はいつも破られる。

（ダニエル・三）

謙遜と神への畏れとは、あらゆる徳にまさる。（ヨハネ・コロボス・二二）

ある兄弟が長老に尋ねて、言った。「どうすれば、神への畏れが魂に生ずるのでしょうか。」

そこで長老は語った。「人が謙遜で貧しく、また他人を裁かないなら、神への畏れが生じる

であろう。」（エウプレピオス・五）

修道士の冠は謙遜である。（オール・九）

ところで、砂漠の師父たちの生とは、端的に世を捨て、人との直接の関わりをできるだけ避けたような、孤独な沈潜と祈りを旨とするものであった。しかしそれは、決して単に内面に閉ざされたものでも、自己と神との一対一の関わりに留まるものでもなかった。実際、厳しい修行の生活を実践した彼らは、不思議なほど兄弟（隣人）に対して寛容な態度を持している。

すなわち師父たちにあっては、個々の人に対して殊更な愛着をもって接することは、はっきりと退けられている。が、そうした否定の態度を通して、その実、彼らはすべての他者のために、いわば執り成しの祈りに生きようとしたのであろう。それは恐らく、人間としての人間の「成立根拠」に遡ることによって、「全一的な交わりと愛」（つまりエクレシアとアガペー）に参与してゆくためであったと言えよう。なぜなら、彼らにあっては、自らの全体が神的な働き、神的な霊を受容し宿す器とも場ともなっていたと考えられるからである。

二　誰よりも自分が罪深いということ

「砂漠の師父」をはじめとして、古来、修道・修行を実践した人々の言葉に接するとき、不思議に思うことがある。それは、長年にわたって人一倍浄い生活を送り、「神への道」を歩んだ人々が、「自分こそ誰よりも罪深い」と自覚してそのように語っていることである。

こうした事柄について、たとえばいつも想い起こされるのは、ドストエフスキー『カラマーゾフの兄弟』（米川正夫訳）中の、ゾシマ長老の早世した兄マルケールの次のような言葉である。（同様の言葉は、後に「劇中劇」でゾシマ長老自身からも発せられている。）

お母さん、あなたはぼくの大事な血潮です。……ぼくたちはだれでもすべての人にたいして、すべてのことについて罪があるのです。そのうちでもぼくが一ばん罪が深いのです。……神の小鳥、喜びの小鳥、どうぞわたしをゆるしてくれ。わたしはおまえらにも罪を犯しているのだ。……ぼくはすべての人に罪があったってかまいやしません、その代わり、みんながぼくをゆるしてくれます。それでもう天国が出現するのです。いったいぼくはいま天国にいるのじゃないでしょうか？

これは、病のゆえに若くして世を去った青年の言葉である。ふつう罪と思われることなど何一つ為す機会もなかった青年に、作者はあえてこうしたことを語らせている。恐らくそれは、キリストの姿を見つめてのことであったであろう。ちなみに、ドストエフスキーはかつて「オプティナ修道院」の長老に私淑して、「東方キリスト教の伝統の精華」に触れていたという。

ところで、右に引用した言葉と奇しくも呼応しているのは、シエナのカタリナ（一三四七―八〇）の次に示す言葉である。〔シエナのカタリナは、アヴィラのテレジア（テレサ）（一五一五―八二）と並ぶ教会博士で、アッシジのフランチェスコ（一一八一―一二二六）とともに「イタリアの守護聖人」とされる。〕シエナのカタリナは唯一の著作（口述筆記）『対話――魂と神との』の冒頭で、透徹した「祈りの言葉」を発している。

永遠なる父よ、この生においてわたしの為した罪過をあなたが罰してくださるよう、わたしは自分自身をあなたの前に訴えます。そして、隣人の負わねばならない苦難の原因は、わたしが自らの諸々の罪によって、そうした原因となっているがゆえに、どうか憐みをもってわたしを罰してください。（Santa Caterina da Siena, Il Libro, Edizioni Paoline, 1966, p.27; Il Dialogo della Providenza, Editione Cantagalli, Siena, 1980）

これらの表現は、「罪」と「罰」、そして「赦し」、「天国」などについてのものであるが、人間として能う限り高い境位にある人にしてはじめて語りえた言葉であろう。それゆえ、それらには全く瞠目せざるをえないのであるが、恐らく次のような境位が窺われよう。

改めて言うなら、人間はその生成・創造（ゲネシス）のはじめから（創世記一・二六）、「神の似像（エイコーン）」として、本来は神的働き・霊（エネルゲイア・プネウマ）を一杯に宿すべく定められていた。そして、その全き顕現（受肉）が、神の子キリストの姿であろう。イエス・キリストが、「神性と人性との不可思議なヒュポスタシス的（ペルソナ的）結合」とされるゆえんである。

ところで、ふつう人は何ほどか神的霊を受容し、多少は「善きわざ」を為し、「善きかたち」（アレテー、徳）を形成しえているかもしれない。しかし他方では、「神への意志的背反」（罪）を抱え、情念によって世の事物（ものや人）に多少とも執着して生きているというのが、大方の実情であろう。

しかし、聖人と呼ばれる人々は、なぜ自らが神の働きないし霊を「未だ完全には受容し宿しえていない」と語るのであろうか。それは「謙遜の極み」の言葉とも思われるが、やはり不思議なことである。

恐らく、聖人はキリストの姿のみを凝視している。それゆえ、「キリスト的かたちに成りゆく道」においては、どこまでも自らを「足らざる者」、「罪深い者」と看做すのであろう。その際、彼らには、「他者と自分との比較」などという視点は、全く消失している。すなわち、聖人という存在は、ただキリストのみを見つめ、キリストの前に立っているのであろう。かくして、キリストに対してすべてのことが、明け渡され、自己がキリストの（神の）働きの宿るべき「器」とも「場」ともなるなら、そこに天国が実現しているとすら言われている。

三　この小さい者の一人に為したことは、わたし（キリスト）に為したこと

さて、証聖者マクシモスは『神秘への参入（奉神礼の奥義入門）（ミュスタゴーギア）』という著作の中で、他者・隣人との関わりの中心的位相を明らかにしている。(2) そうした論述の指標ともなっているのが、「この小さい者の一人に為したことは、わたし（キリスト）に為したことであ

る」（マタイ二五・四〇参照）という言葉であった。

それは単純な言葉であるが、そこにはおよそ他者に対する行為の根本的な意味と構造が秘められていると思われる。すなわち、あらかじめ言っておくとすれば、他者・隣人に対する意志的なわざ・行為は、単に個別としての個別に閉ざされたものではありえず、恐らくは同時に、「神（いわば絶対他者）に対する関わりの姿」を映し出しているものであろう。というのも、何か一つのもの（対象）を見ることも、自他の全体を照らしている光あってこそだからである。この点、行為の場面に即して言うなら、およそ行為の成立根拠とも言うべき「神的光」は、直接見ることができないが、具体的な行為が為されたとき、それは、自分が「光に対していかに顔を向けているかということ」を、いわば映し出しているのである。

ともあれ、右の聖書の言葉について、マクシモスはいみじくも次のように解釈している。

「私の兄弟であるこの最も小さい者（貧しい者）に為したことは、わたし（キリスト）に為したことだ」とあるが、善きわざを受けることを必要としている人（隣人）とは、神なのである。……そしてまた、善く為しうる人は、恵みと分有によって自らが神であることを証示している。なぜなら彼は、神の善きわざの働き（エネルゲイア）を受容しているからである。

もし憐みを必要としている貧しい人が神であるのなら、それは、われわれのために貧しくなった「神の降下（受肉）」のゆえんである。すなわち神は、それぞれの人の受苦（パトス）を自らのうちで同苦（シュンパトス）という仕方で受容し、それぞれの人の受苦の類比に従って、つねに善性（神性）によって神秘的に受苦（受難）を蒙っているのである。

（『神秘への参入』（ミュスタゴーギア、PG九一、七一三B）

はじめの文章で、「善きわざを受けることを必要としている人（隣人）とは神なのだ」とあるがそれは、善きわざ（働き）を受けるべき他者・隣人においてこそ、神のエネルゲイア（働き）がすぐれて現前し具体化しうるということであろう。（人間が端的に「神そのもの」だということはありえない。）従って、その人は神である」という踏み込んだ言葉は、有限な人間のうちに無限の神的エネルゲイアが受容され宿されたことを意味するであろう。また、引用文における「小さい者（貧しい者）とは、心の貧しい謙遜な人（マタイ五・三など）のことであるが、可能性としてはすべての人の本来あるべき姿――つまり、神に対して聴従と信をもって生きる姿――を意味する。そして他方、すべての他者に対して「善く為しうる人」も、神の善きエネルゲイアを受容している限りで、「恵みと分有（関与）によって神である」という。すなわち、そのように「善く為しうる人」が神的エネルゲイア・プネウマを能う限り受容している姿は、象徴的な意味で「神を分有している」と言えるのである。

なお、右のような証聖者マクシモスの言葉は、おのずと「善きサマリア人」の物語を思い起こさせる。その解釈として、ベネディクト一六世ヨゼフ・ラッツィンガー『ナザレのイエス』（星野泰昭訳、春秋社、二〇〇八年）は、「われわれ自身が隣人とならねばならず、そのためには内的に〈善く〉ならなければならない」と強調している。さらに教父たちの解釈に言及し、エルサレムからエリコに至る道は人類の歴史の象徴であり、襲われた人が人類の象徴であるとすれば、「善きサマリア人とは、まさにキリストの象徴である」と記している。

ところで、先の引用文の後半はまことに意味深重な表現であり、とくに「受苦・受難」という言葉が大きな意味射程を有している。

「キリストの十字架（受難）」は確かに歴史的な出来事である。しかし既述のごとく、「キリストが十字架につけられること」と「われわれが十字架につけられること」との間には、微妙に「相互の実在的関わり」が存する。われわれにあって十字架とは、死を意味するものとして、いわば「不受動心（情念からの解放）」や「自己否定」を可能にするものでもあった。他方、「キリストの十字架」とは、「死をも凌駕して使徒たち（をはじめ多くの人々）に現前した生命のエネルゲイア」のしるし・象徴となるのである。

その際マクシモスは、われわれの十字架とキリストの十字架との関わりについて、次のように洞察していた。すなわち、「神（受肉したロゴス・キリスト）は、それぞれの人の受苦（パトス）を自らのうちに同苦（シュンパトス）という仕方で受容し、それぞれの人の受苦の類比に従って、つねに善性（神性）によって神秘的に受苦を蒙っている」という。

これははなはだ正確な含蓄ある表現であり、キリストの十字架による「罪の贖い」や「救い」という事態の真相を語り出そうとしたものであろう。つまり、すべての人間は「罪のもとにあり」（ローマ三・九）、神への意志的背反（罪）という「負の可能性」を抱えているが、われわれが自らの十字架を何ほどか担うとき、そのことが成り立つ可能根拠として、神の善性（神性）が神秘的に受苦を蒙っているとされている。

その間の機微を改めて簡明に言うとすれば、われわれがほんの僅かに「善く意志すること」、「善きわざを為すこと」の根底にも、その根拠として「キリストの十字架の働き（エネルゲイア）」が、恐らくはその都度つねに現前しているであろう。その意味で「キリストの十字架」は、決して単に過去の特異な出来事であっただけではなく、その働きは、時と処とを超えて今もいつもすべての人に生起しうるのである。

さてそこで、一つのまとめとして次のことを確認しておこう。

キリストの十字架は、そして「自己否定の範型的エネルゲイア」は――それが神のエネルゲイアたる限りは――、われわれの十字架の、つまり「生における何ほどかの自己否定のわざ」の成立根拠として、いわば「つねに」現存している。

しかし、「われわれの十字架」は、キリストの十字架による神のエネルゲイア・プネウマがこの時間的世界に歴史上の「あるとき」生成・顕現してくるための、器、場、そして身体となる。平たく言うなら、神が、そして永遠なるロゴス・キリストが、時間的世界に生成・顕現してくるためには、ある意味で「人間を必要とする」のである。(3)

そうした事柄が語られる際、そのことの成立根拠として現前している神的エネルゲイアに注目するなら、「ロゴスの受肉（神の子イエス・キリストの誕生）（ヨハネ一・一四）、十字架（受難）、そして復活」という事態は、単に時間的に隔たった三つのことである以上に、いわば同時的に一体化して働くこととして捉えられている。(4)

そしてそのことは、キリストとの、また神的働き・霊（エネルゲイア・プネウマ）との「原初的出会い」、「生の根底的変容」という使徒的な経験からこそ、真に見出され発語されてきたのであった。すなわち、「受肉、十字架、復活」についての「信・信仰」や教理は、その成立の根底において、今もいつも原初的・使徒的経験そのものに根差しているのである。

言い換えれば、ロゴス・キリストの十字架によってもたらされた「死をも凌駕する働き」は、われわれの小さな自己否定の働き・わざが——それは霊的に十字架につけられることであったが——、何ほどか成立しうる根拠として「今もいつも」この身に現前していると考えられよう。従ってそれは、時と処とを超えて可能性としては、すべての人に生起しうることなのである。

ただ、そうした神的・超越的働き（エネルゲイア・プネウマ）は、天下りのように一方的かつ必然的に生じるものではありえず、われわれの「意志的聴従と信との測り」に従って、その分だけ生成してくるのである。それゆえそこには、とりわけ東方・ギリシア教父の伝統で注視されてきたように、「神的働きと人間的意志の働きとの不思議な協働（シュネルギア）」が存しているであろう。

さてそこで、本章のはじめからの主題について言うなら、われわれが神的エネルゲイア・プネウマを受容することは、単に閉ざされた個人の出来事に留まるものではない。かえって逆に、本来の姿としては、それぞれの聴従と信に応じて神的働きないし霊を受容し宿すことになろう。そしてそのことによって、それぞれの人は霊的で全一的な交わり（エクレシア・教会）に、それぞれの分・役割に応じて参与することになる。

しかし、そうした全一的交わりとしてのエクレシア（教会）は、歴史的にあるとき生じて完成するものではありえず、いわば絶えず生成し伸展しつつ、時を貫いてゆくものであろう。もとよりそのことは、必ずしも楽観的な歴史観なのではなく、事柄の根底には、たとえばパウロの次のような言葉が鳴り響いているのである。

現在の苦しみは、将来われわれに現わされるはずの栄光に比べれば、取るに足りないとわたしは思う。被造物は、神の子たちの現れるのを切に待ち望んでいる。被造物は虚無に服しているが、それは自らの意志によるのではなく、服従させた方の意志によるのであり、同時に希望を持っている。すなわち、被造物自身は、滅びへの隷属から解放されて、神の子供たちの栄光に輝く自由に与りゆくのである。すべての被造物が今に至るまで、ともに呻きともに苦しんでいることを、われわれは知っている。それだけではなく、霊の初穂を持つわれわれは、神の子とされること、われわれの身体の贖われることを、自らのうちで呻きながら待ち望んでいる。われわれは、こうした希望によって救われているのである。

（ローマ八・一八―二四）

註

（1）「謙遜」と訳されるギリシア語（tapeinoprosyne）は、古代ギリシアでは「卑しい思い」という意味であった。しかし、聖書的な文脈にあって謙遜は最上の徳を意味する言葉であるので、そこには大きな価値転換が認められよう。

（2）『神秘への参入（ミュスタゴーギア）』という著作は、広義の「エクレシア」（教会、全一的交わり）と奉神礼（典礼）との象徴的意味を解き明かし、さらには「万物の宇宙的進化」とも言うべき事態を観想したものである。それらの詳しい内容については、拙著『人間と宇宙的神化――証聖者マクシモスにおける自然・本性のダイナミズムをめぐって』（知泉書館、二〇〇九年）を参照。

（3）このことに関して、ミシェル・アンリ『受肉――〈肉〉の哲学』（中敬夫訳、法政大学出版局、二〇〇七年）（M. Henry, Incarnation, Une philosophie de la chair, Editions du Seuil, Paris, 2000.）は、「言（ロゴス）」と「生、生命」に注目し、「ロゴスの受肉（秘体）といった中心的事態をわれわれ自身のこととして、現象学的手法を用いて解き明かそうとしている。

（4）　ちなみに、意志的な聴従と愛によって「神（神性、善性）に近づく人」は、アレテー（徳、善きかたち）の形成に与り、そのことにおいて象徴的にたとえば「もう一人のアブラハムやモーセになる」という。つまり、同等の出会い（カイロス）の経験は、時と処とを超えて「同時性」という性格を有するのである。

ウラジーミルの聖母　12世紀
（トレチャコフ美術館　モスクワ）

第一二章　受肉の現在

――神の憐みの先行――

神は世界の創造に先んじて、われわれをキリストのうちに選び……御旨のままにイエス・キリストを通して、愛によって「われわれを養子にしようとあらかじめ定めた。（エフェソ一・四―五）

神の子は、見えざる神の似像（エイコーン）であって、すべての被造物に先んじて生まれた者である。……万物は御子によって、御子へと創造されている。……また御子は教会（エクレシア）という身体の頭である。御子自身がはじめ（根拠）であり、死者から最初に生まれた者である。（コロサイ一・一五、一六、一八）

わたしの父（なる神）は、今に至るまで働いている。そしてわたしも働く（ヨハネ五・一七）。

あなたたちの父アブラハムは、わたしの日を見るのを楽しみにしていた。そして見て、喜んだのである。……アブラハムが生まれる前から『わたしは在る』（エゴー・エイミ）（同、

五六、五八）。

一　キリストの先在

サマリアの女はかつて、「キリストと呼ばれるメシアが来ることを知っている」（ヨハネ四・二五）と言っていた。そのヨハネ福音書の言葉は、同様にユダヤ人たちに対して、イエスが「わたしは在る」（エゴー・エイミ）と自らを啓示したくだりである。「わたしは在る」とは、かつてモーセに対して神（ヤハウェ）が「神の名」を告げた言葉である（出エジプト三・一四）。従って、右のイエスの言葉は、教父の伝統にあって、歴史上のイエス自身が、「わたしは在る」と自らを啓示した永遠なる神（ヤハウェ）の顕現だと考えられてきたのである。

ところで、はじめに引用したエフェソ書、コロサイ書の言葉は、「キリストの先在」に関するものである。もとよりそれは、常識的かつ数直線的な時間把握を超えた事柄であって、いわば語りえざる謎・神秘に属する。それについては後に証聖者マクシモスの文脈に即して吟味してゆくが、あらかじめ次のことを記しておこう。

神的エネルゲイア・プネウマ（ないし神人的エネルゲイア）の現存は、本書の論述の基本線に関わることであるが、キリストとの原初的・霊的出会いの経験から、その根底に現前し働いているものとして見出され証示されてきた。そうした神的働き・霊とは、それぞれの人の具体的経験においてその都度の今、「あるとき」現前する「内在的なもの」である。が、それは、時と処とを超えて、「つねに（永遠に）」現存している「超越的なもの」であろう。とすれば、既述のごとく、歴史上の「あるとき」と永遠なる「つねに」という二つのことが微妙に緊張し、いわば交流しているのである。

さて、先の聖書の言葉は、確かに壮大な宇宙論的表現であった。それらにあって神の子イエス・キリストは、二千年前の一人の人間たることを遥かに超えて、「万物の創造（生成）のはじめ（根拠）」、「すべての被造物に先んじて生まれた者」と語られている。しかも、真に「神の似像（似姿）」たるキリストは、「死者から最初に生まれた者（甦り復活した者）」だという。

これらの洞察は、現実の経験から離れた、単に思弁的営みの産物として主張されているのではあるまい。このことに関して、「タボル山におけるキリストの変容」（マタイ一七・一―八）についての証聖者マクシモスの解釈が想起されよう。重要な表現ゆえ、今一度さわりの部分を挙げておく。

主は初心者にはしもべのかたちで現れ（フィリピ二・七）、かの変容の山に登る主に従う力のある人々には、世界の創造の前に存した神のかたちで現れる。彼らは、キリストが人の子たちを超えた美を有し、「はじめに在り、神とともに在り、そして神で在った」（ヨハネ一・一）ことを学び知るのだ。そして彼らは、万人にとって全く捉えられぬものとしてキリストを称えるという「神学的な否定」によって、恵みと真理に満ちた「父の独り子」たる栄光（同、一・一七）に知的に上昇せしめられたのである。（『難問集』、邦訳一〇九―一一〇頁）、『フィロカリア』Ⅲ所収、「神学と受肉の摂理とについて」Ⅱ・一三）

このように「創造の前に存した神のかたち」を語る表現は、いわば「ロゴス・キリストの先在」ということをも指し示しているであろう。そしてさらに、「受肉してこの世に到来したイエス・キリスト」は――それは「信の到来」（ガラテア三・二五）とも語られていたが――、「わたしは在る」（エゴー・エイミ）たる神（ヤハウェ）（出エジプト三・一四）の顕現でもあると洞察されていた。してみれば、旧約の伝統のすべては、「時が満ちて」（マルコ一・一五）、イ、エ、ス、・キ、リ、ストの存在に集約され成就されたということが（ガラテア四・四、エフェソ一・一〇）証示されているのである。

　かくして、改めて思うに、「イエス・キリストの受肉、十字架そして復活」、さらにはキリストによる万人の「罪の贖い」、「救い」といった教理的事柄にしても、神的エネルゲイア・プネウマ（あるいは神人的エネルゲイア）との出会いによる「新しい人の誕生（回心）」という、如実な使徒的経験の中からこそ、真に発見され言語化されてきたと考えられよう。すなわち、そうした「原初的出会い」の根底には——それは可能性としてすべての人の経験でありうるのだが——、超越的かつ内在的な神的エネルゲイアが現前していることが、古来、注視され観想されてきたのである。

　もとより、神の実体・本質（ウーシア）は決して知られえず、ただその働き・活動（エネルゲイア）が何らか経験され知られうるに過ぎない。それゆえ、「ウーシアとエネルゲイアの峻別」ということが探究の基本ともなる。そして、神的エネルゲイアの経験について、いみじくも次のように喝破されている。

万物を貫いて、神と神とに適った人々との唯一のエネルゲイアが存する。しかしむしろ、ただ神のエネルゲイアがあるのであって、それにふさわしいすべての人において、全体を善に適った仕方で交流させているのである。（『難問集』、邦訳五五頁）

この言葉からも窺えるように、神的エネルゲイアの発出する主体・源泉（神）そのものは、知られざる超越においてあるが、それぞれの人は自らの分（役割）と意志的披きに応じて神的エネルゲイアを受容し宿すことができよう。そしてその時、神的エネルゲイアは「混合なく分離なき仕方で」、人間的エネルゲイアとの交流（ペリーコーレーシス）を成り立たせているという。ちなみに、カルケドン信条（四五一年）において「神性と人性とが、融合せず、変化せず、分割せず、分離せず、一つのヒュポスタシス・キリストへと共合している」とされているが、マクシモスはそれに準じて語っている。

そこで改めて言えば、神性と人性とのそうした交流の経験、つまり「神的・神人的エネルゲイアとの出会い」の経験からはじめて、「神性と人性とのヒュポスタシス的結合」という受肉したロゴス・キリストの姿が見出され、信・信仰の言葉として語り出されてきたのである。

二　受肉の現在――十字架と復活との「今」

さて、証聖者マクシモスは、右に述べてきた事柄の根本に関わることとして、まず集約的に次のように語っている。それは不可思議な表現であるが、「今の神秘」とも言いうることを鮮やかに指し示している。

神のロゴス（キリスト）が、われわれの弱さのために十字架につけられ、また神の力によって復活せしめられたのなら、ロゴスは明らかに同じことを、つまり受肉と十字架とのわざ（働き）を、われわれのために今も霊的に為している。それは、われわれすべてを救うためである。（『神学と受肉の摂理とについて』Ⅱ・二七、『フィロカリア』Ⅲ所収）

この文中、「今」という言葉は極めて意味深い。というのも、そこに語られている「今」とは、文脈上、古来の歴史におけるすべての「今」だからである。すなわち、そうした「今」は、時代、民族、場所などを超えてその都度新たに到来し、それぞれの多様なかたちで生成・顕現してくると考えられよう。このことの全体としての意味を、マクシモスはナジアンゾスのグレゴリオス『神学講話』第三講の言葉を援用して、次のように解明している。

かのお方（独り子たる神）は、「今は」あなた（人間）によってなみされているが、「かつては」あなたの上にあった。「かつては」明らかに、すべての時間と自然・本性（ピュシス）との彼方にそれ自体として在った。しかし「今は」〔自らの受肉によって〕、あなたのために両方に服したものになろうとした。……そして「今」〔神は〕思惟的魂を有する肉・人間本性を摂取し、かつてなかったものが、つまり「ヒュポスタシス」（個的な現実）として〔神性と人性との〕複合したものが生じたのである。しかしその際、〔ヒュポスタシスたる〕ロゴス・キリストは、かつて在った純粋な自然・本性（神性）をなおも保持している。それは、人間としてのあなたを救うためである。……

それゆえ、神自身はまさに変化することなくして、われわれのように自然・本性的に受動的なものへと無化し（フィリピ二・七）、受肉によって自然・本性的感覚のもとにあるものとして真に生起した。そして、自然・本性的に受動的な肉を通して超無限の力をあらわに顕現させつつ、見られる神、下方の神と呼ばれる。なぜなら、そのとき肉は、明らかに神と結合

> され、より善きものが勝利して一つのものになるからである。すなわちロゴス（キリスト）は、ヒュポスタシス的な同一性によって〔罪は別としてであるが〕肉（人間本性）を摂取し（ヨハネ一・一四参照）神化させたのである。（『難問集』、邦訳一一一―一一二頁）

この文章には、「ロゴス・キリストの受肉」、「人間の罪と救い」、そして「人間の神化（神的存在、神的生命への与り）」といった事態に関して、最も基本的なことが語られている。それらについてはすでにいささか吟味したところであるが、ここではその全体を貫くこととして、神的エネルゲイア・プネウマの現前する「今の神秘」とも呼びうることに注目しておきたい。それは、文中の「かつて」と「今」との不可思議な対比に関わることである。

その文脈での「かつて」とは、いわゆる数直線上の過去のことではなく、世界創造に先立つような「かつて」である。もとより、ふつうには「イエス・キリストの受肉」という出来事も「信そのものたるキリストの到来」（ガラテア三・二五）ということも、二千年前のことと看做されよう。しかし、右の引用文における「かつて」は、いわば「時ならぬ時」、「永遠の今」のようなものとして語られている。

そうした「かつて」とは、いわゆる受肉（神の子の人間としての誕生）に先んじて、「ロゴスがはじめに在り、神とともに在り、神で在った」（ヨハネ一・一）という「超越的な今」を意味しているであろう。その際、基本的動向として見つめられているのは、「人間が神の似像に即して創られた」という「人間かく在るべし」という「ロゴスのうちなる定め」が——現実の人間はすべて「罪のもとに在る」（ローマ三・九）という姿を抱えているのだが——、「受肉したロゴスの働きによって開花してゆく道行きである。

ところで、右のように解された「かつて」と「今」にあって、通俗的な時間表象はいわば突破されている。その限りでは、歴史上の過去は「神的働きとの根源的出会い」においては、「その都度の今」なのである。すなわち、神がその名に値する存在であるなら、「つねに」（永遠に）時と処とを超えて働いていると言わざるをえない。しかし、そうした神的働き（エネルゲイア）は、そして神の愛（アガペー）、神の霊（プネウマ）は、われわれの「心の披き」、「信」そして「意志的聴従」に応じて「あるとき」、「その都度の今」何らか経験され、現にこの有限な世界、この身に生成・顕現してくるであろう。

しかもまた、そうした「神的エネルゲイア・プネウマとの出会い」という根源的経験においては、使徒も預言者も教父や後世の人々も、ある意味で「同時性」として根底でふれあい、「霊的かつ全一的交わり」（エクレシア）の形成へと開かれている。その同時性ということは、ヘブライ的時間把握の特徴でもあろうが、大方の教父たちは、ヘブライ語とは対極的な文法構造を有するギリシア語やラテン語で思索しつつ、動性を旨とする「ヘブライ的ダイナミズム」を担っているのである。

さて、先に言及した「キリストの先在」、「受肉の現在」などということは、現実のわれわれにとっていかなることなのか。そうした事態は、人間的自然・本性とは直接には無関係なこととして、時間と歴史との外に客体的に存在していることなのか。あるいはむしろ、「ロゴス・キリストの働き（エネルゲイア）」とは、現にあるわれわれが「より善く存在し、自然・本性の開花・成就への道をゆくための」、うちなる根拠として見出され、発語されたのではあるまいか。

改めてこのように問うとき、「キリストの先在」などという事態は、恐らく「受肉したキリストの神的エネルゲイア・プネウマ（ないし神人的エネルゲイア）」の現前に出会い「生の根底的変容」を経験した人々において、その成立のいわば「超越的根拠の働き」として証しされ、指し示されてきたと考えられよう。

そしてその際、イエス・キリストは二千年前の人間であるとともに、さらにはそのことを遥かに超えて、「わたしは在る」（エゴー・エイミ、ヤハウェ）（出エジプト記三・一四）の顕現として捉えられている。つまり、本章のはじめに挙げた引用文で、サマリアの女に対してイエスが、「アブラハムが生まれる前から「わたしは在る」云々と（ヨハネ八・五八）告げているゆえんである。

しかもまた、ロゴス・キリストは「はじめに在り、父とともに在り、神で在る」存在であった。従って、「わたしの父は今に至るまで働いている。そしてわたしも働く」（同、五・二七）という言葉も、いわば父とともなる「先在のキリスト」が、現にイエスとして「今、ここに」働いていることを意味していると解されよう。そこで、重ねて引くなら、次のようにも語られていた。

あなたたち（ユダヤ人）はモーセを信じたのなら、わたしをも信じたはずだ。なぜならモーセは、わたしについて書いているからである。（ヨハネ五・四六）

あなたたちの父アブラハムは、わたしの日（イエスの日）を見るのを楽しみにしていた。そして見て、喜んだのである。……アブラハムが生まれる前から、「わたしは在る」（エゴー・エイミ）。（同、八・五六、五八）

かくして、エフェソ書、コロサイ書などに記されているような「神の子キリストの先在」やひいては「受肉の現在」といった事柄は、現実の使徒的経験から離れたある種の形而上学的思弁によって形成されたものではない。

すなわち、中心的場面を今一度強調すれば、「受肉したロゴス・キリスト」、「その十字架と復活」、そして「イエス・キリストによる万人の罪の贖い、救い」といった教理的事柄は、神的エネルゲイア・プネウマとの出会いによる「生の根底的変容」、「新しい人の誕生」という如実な使徒的経験の中から、真に発見され言語化されてきたものであろう。そしてその際、「神的働きと人間的自由・意志の働きとの協働（シュネルギア）」が、不可思議な、しかし確かな実在的関わり（交流）として漲っているということが、教父の伝統において洞察されてきたのである。

三　創造と受肉の神秘との前に

ここにおいてわれわれは、本書での「探究のはじめ（端緒）」という問題場面に立ち帰ってくることになる。そこで以下、これまでの吟味・探究の道を振り返って、その基本線と中心的位相とを簡潔に見定めておくことにしたい。

改めて思うに、パウロならパウロが「神的エネルゲイア・プネウマ（神人的エネルゲイア）の現前に出会い、それを受容し宿したことは、その名に値する「信・信仰（ピスティス）の成立」でもあった。そしてそれは、まさに「自己探究＝神探究」の端緒ともなるのである。

すなわち、無限なる神の働き、神の愛に貫かれた姿は、そして旧約「雅歌」における「愛の傷手」という姿は、自らをそのような姿にもたらした「根拠（原因）」を、今度は自らの志向と愛の真の「目的」として、どこまでも自己超越的に愛し求めてゆく。従ってそこには、全体として、「根拠＝目的」なる動的・自己還帰的な構造が存していることになろう。

してみれば、右に述べた「脱自的愛の道行き」には、次のような四つの機微（論点）が含まれている。

（i）端的な「信の成立」には、自らの存在基底が突破されるかのような経験が伴っている。それは、たとえば道元の言う「身心脱落」の姿でもあろう。しかもそうした姿の成立は、神への意志的背反なる罪が否定されるということでもある。それゆえ、信・信仰の成立は、「罪（死性）の否定」という意味で「否定の否定」という二重否定的な性格が認められよう。それはまた、「わたし・自己」の成立の機微を指し示している。

（ii）従って、「信というかたちの成立」とは、「わたし・自己の真の成立」への端緒（はじめ）

であるとともに、「神的エネルゲイア・プネウマの生成・顕現の姿」でもある。とすればそれは、「わたしは在る」（エゴー・エイミ）たる神（ヤハウェ）（出エジプト記三・一四）が、この有限な時間的世界に何らか現出してきたかたちでもあろう。「アレテー（魂・人間の善きかたち、徳）が神の身体化したかたちだ」と言われるゆえんである。

それゆえ、既述のごとく神は、「神への愛として」、そして人間の脱自的愛として生成・顕現してくると言えよう。

(iii) その際、人間的自然・本性は「神的エネルゲイアの現前のための、いわば器となり場となり身体ともなっている。つまり、人間の形相（エイドス）が、この世界における「神の生成・顕現のための身体（器ないし場）となりうるのだ。言い換えれば、この時間的・歴史的世界における「神の顕現」は、いわば「人間を必要とする」のである。

(iv) 最後の、しかし最も重要なことは、キリストとの、あるいはキリストの働き（エネルゲイア）との原初的出会いの経験からこそ、その根底に現前している神人的エネルゲイアの源泉（主体）として、「ロゴス・キリストの受肉（神人性存在）」が証示されているのである。

ただし、ロゴス・キリストのウーシア（実体・本質）は、最後まで知られざる超越に留まる。「イエス・キリストは、その顕現（受肉）の後にも隠されている」と言われるゆえんである。

だがキリストのエネルゲイア（働き、わざ）は、その現前に心披いて聴従する人々にとって確かに経験され、何ほどか知られよう。こうした「ウーシアとエネルゲイアとの峻別」は、人間という存在者が自らの存立根拠の働きに与りつつ、「自然・本性の開花・成就」と「神化（神的存在、神的生命への与り）への道に歩むという、無限性（神の名）に開かれた構造をしるしづけているのである。


ちなみに、神やキリストのウーシアではなく、そのエネルゲイア（働き）が何らか経験され、われわれの本来的道行きを支え促しているということに関する限りは、たとえば空海、道元など我が国の宗教・哲学的伝統における傑出した人々とも、根底においては通じるところがあろう。「キリストの名」に躓く必要はないのである。

というのも、「キリストの名」はいわば「万物の成立根拠の無限なる働き（エネルゲイア）」を指し示しているのであって、その限りでは「大日如来」、「阿弥陀仏」、「天」などとも、何らか呼応するものがあるからである。

「信の範型」としてのキリスト

探究の基本的な意味と動向は、大略、右のように示されるであろう。そしてそれは、本書のはじめに挙げたパウロの鮮烈な言葉、すなわち、「わたしはキリストによって、キリストとともに十字架につけられている。もはやわたしが生きているのではなく、わたしのうちでキリストが生きている」（ガラテア二・二〇）という言葉のうちに、すでにして秘められ含意されていることであった。

ここに改めて注目すべきは、その言葉に続いて次のように語られていたことである。つまり、「今わたしが生きているのは、わたしを愛しわたしのために自らを〔十字架の死に〕渡したイエス・キリストの信・信仰（ピスティス）によって生きている」とあるが、その言葉が、「キリスト自身の信」（あるいは父なる神への全き聴従）を意味すること、すでに述べた通りである。

言い換えれば、「キリスト自身の信の働き（エネルゲイア）」が、パウロの真に生きていることの内的根拠として現前しているのである。そしてそのことは、可能性としては、われわれすべてにとっても生起しうると考えられよう。従って、キリストは証聖者マクシモスにあって、われわれを先導してゆくような「信の範型」と捉えられていた。実際、そうした範型としてのイエス・キリストの姿は、「信そのものの到来」（ガラテア三・二五）と語られていたのである。

かくして、「神的エネルゲイアの現前」は、その受容・宿りとしての「信の成立」をもたらすが、その根底には、「信の範型としてのイエス・キリストの到来（受肉）」という事態が存するのである。そして、そこにおのずと想起されるのは、イエス・キリストの次の言葉である。

もし、わたしが父（なる神）の働き・わざを為しているのなら、たとえわたしを信じなくとも、わたしのわざを信じよ。そうすればあなたたちは、父がわたしのうちにおり、わたしが父のうちにおることを知りまた悟るであろう。（ヨハネ一〇・三六）

父がわたしの名において遣わす助け手、すなわち聖霊は、あなたたちにすべてのことを教え、またわたしがあなたたちに言ったすべてのことを思い起こさせるであろう。（同、一四・二六）

こうした言葉は、先に引用したエフェソ書、コロサイ書の表現とも何らか呼応していると思われる。たとえば、「神は世界の創造に先んじてわれわれをキリストにおいて選んだ」（エフェソ一・一四）とあったが、それは、一言で言うなら、単に歴史以前の客体的な神のわざ（出来事）を示している以上に、われわれが現存する「キリストの働き・わざ」を信じ聴従してゆくなら、

「神の似像に即して創られた」人間の本来的かたちに形成されうるという、「その根源的な場と可能性」を指し示しているであろう。

それゆえにまた、「創造に先んずるキリストの先在」とか、「死者から最初に生まれた者」といった言葉も、現に在るわれわれの外に対象化されたり、安易に祭り上げられたりしてはならないであろう。かえってそれらの表現は、使徒や教父たちの（そして後世の幾多の人々の）「生の根底的変容」、「生命ある姿への甦り（復活）」という確かな実在的経験のうちに、その成立根拠として超越的に現前している神的エネルゲイア・プネウマを注視することによって、観想され言語化されていったものと考えられよう。

ところで先の引用文には、「ロゴスはヒュポスタシス的な同一性」によって肉（人間本性）を摂取し、「神性と人性とのヒュポスタシス（個的現実）に即した結合」によって神化させたと語られている。そしてとくに注目されるのは、それに続く文脈において、神化（神的存在、神的生命への与り）という道行きの中心線が、次のように洞察されていることである。

その際、神自身は、自らの無化（ケノーシス）（受肉による人間としての誕生）にもとづいて

（フィリピ二・六―九）、恵みによって救われる人々の神化（テオーシス）を知っていた。つまり彼らは、全体として神的かたちとなり、全体として神を受容し、神においてのみ休らうであろう。そしてそれこそは、この約束（福音）が真に成就するであろうと信じる人々が、それに成らんとして熱心に努めるべき完全性なのである。（『難問集』、邦訳一三一頁）

この言葉は、「人間の神化（神的生命への与り）」、「人間的自然・本性の成就」といった道行きの根本的意味を明確に語っている。その道が現に成立する根拠は、改めて言うなら、「受肉したロゴス・キリストの働き（神人的エネルゲイア）の現前と、その受容、・宿り」ということに存しよう。

ただしかし、右に指し示された神化（テオーシス）の道行きは、神とロゴス・キリストの超越性ゆえに、現実のわれわれにとっては決して完結することなく、無限なる神性・善性にどこまでも開かれた動的構造のうちにある。従って、われわれがそうした神性に、また神的生命に多少とも与りゆく道は――それは同時に、「わたし・自己」の真の成立への道であり、他者との「霊的・全一的交わり（エクレシア）」に参与してゆく道でもあろうが――、最後まで「絶えざる生成・超出（エペクタシス）」、「不断の創造」という基本性格を有するのである。このことは既述のように、とりわけニュッサのグレゴリオス以来、東方・ギリシア教父の伝統が凝視し語り出してきた事柄であった。

結語に代えて

さて、振り返って見れば、無限性（神の名）に開かれた構造にあって、人間の本来的な道行きは、次のような三つの本質的契機を有しているであろう。そしてそれらは、「創造と時間」という問題の恐らくは中心的位相を指し示しているのである。すなわち、

（i）かつて二千年前の「今」、「ロゴス・キリストとの原初的出会い」において、超越的かつ内在的に働いていたものは、

（ii）恐らくは「創造のはじめ（根拠）」としての「今」に、超越的に現存し、

（iii）それゆえにこそ、歴史上のいかなる「今」においても、その都度新たに生成し顕現しうるであろう。

このように言いうるとするなら、「先在のキリスト」、あるいは「受肉の現在」という事態は、すべてわれわれの創造（生成）（ゲネシス）と、人生の道行きとの根底に、その都度の「今」、「こ

こに」現前していることとして窺われることになろう。言い換えれば、使徒たちの「今」、「信の範型たるキリスト」との根源的出会い」（カイロス）において現前した神的エネルゲイア・プネウマ（神人的エネルゲイア）は、いわば同時的に、歴史上のすべての人の「今」において現前し、「魂・人間の信というかたち」として、この時間的世界に現出してくると考えられよう。

それはまた、たとえば証聖者マクシモスの文脈にあっては、「諸々のアレテー（善きかたち、徳）の成立」として、さらには「諸々のアレテーの結合」として捉えられていた。そしてそれらのことは、この有限な歴史的世界における「神の生成・顕現のかたち」でもあった。つまり、神は、「神を愛すること」としてかろうじて、この世界、この身に生成してくると考えられよう。

ともあれ、アウグスティヌス、ニュッサのグレゴリオスそして証聖者マクシモスといった偉大な師父たちの言葉に導かれて問い進めてきた拙い探究は、「受肉の現在」あるいは「神の憐れみの先行」という不可思議な事態を臨むところに至った。

ここにおいてわれわれは、時代、民族そして場所を超えた「ロゴス・キリストの働き」の前に、そしてつまりは「受肉の神秘」の前に、改めて立たされることになるのである。

補論三　空海の思想についての覚え書き

（ⅰ）もし人、仏果を求めて菩提心に通達すれば、父母所生の身に速やかに大覚位を証す。（『菩提心論』）（もし人がブッダの知恵を求め、菩提心を極めようと努力するならば、両親から生まれたその身体において、速やかに大いなる悟りを得ることができる。）（竹内信夫訳。本文の校訂も同氏による。以下同様）

若し能くこの勝義に依って修すれば、現生において無上の覚を成ずることを得る。（もしこの経典に説かれている優れた方法で修行すれば、現生において無上の覚りを成就することができるだろう。）

（ⅱ）この身を捨てずして、神境通を得るにおよぶ。大空位に遊歩して、身秘密を成ず。（『大日経』）（持って生まれた身体を捨てることなく、神々の世界に入ることができる。大いなる空の世界に入って、〔我が〕身体の奥深い秘密を我がものとすることができる。）

（ⅲ）加持とは如来の大悲と衆生の信心を表す。仏日の影、衆生の心水に現ずるを加といひ、行者の心水、能く仏日を感ずるを持と名づく。

若し、眞言行人有て此義を観察し、手に印契を作し、口に眞言を誦し、心、三摩地に住すれば、三密相應して加持するが故に、早く大悉地を得る。

(iv) 六大、無礙にして常に瑜伽たり。四種の曼荼、三密加持すれば速疾に顕る。重々たる帝網、名づけて即身、法然具足するは、薩般若。心数、心王、刹塵に過ぐ。各々に五智・無際智を具す。円鏡の力ゆえに、実覚の智なり。(「即心成仏頌」)

(v) 名教の興り、声字にあらざれば成ぜず。声字分有にて実相顕る。謂うところの声字実相とは、即ちこれ法仏平等の三密、衆生本有の曼荼なり。(『声字実相義』)

五大はみな響きを有し、十界言語を具す。六塵は悉く文字、法相はこれ実相なり。(同)

(vi) それ仏法、遥かなるにあらず、心のなかに即ち近し。真如、外なるにあらず。我が身を捨てて何か求めむ。迷いと悟りは我にあり、即ち発心すれば速やかに至らむ。(『般若心経秘鍵』)

秘蔵の奥旨は、文を得ることを貴ばず。ただ心を以て心に伝ふるにあり。文はこれ糟粕、文はこれ瓦礫。糟粕瓦礫を受けなば、すなわち粋実至宝を失う。(同)

(vii) 虚空尽き、衆生尽きなば、涅槃尽き、我が願いも尽きむ。(万灯万花会、供養」)

本書は主として東西の代表的教父として、アウグスティヌス、ニュッサのグレゴリオス、そしてとりわけ証聖者マクシモスの言葉に即して、哲学・倫理学の基本的問題についていささか探究を進めてきたものである。その際、単に古来のキリスト教教理を前提にすることなく、すべてわれわれが人生の道行きにあって「善く生きること」の意味と成立根拠とを問うてゆくために、一つの「道しるべ」ないし指標となりうるような論述を心がけた。

そこで以下においては、第三の補論として、空海（弘法大師）（七七四―八三五）の哲学・思想について少し概観しておきたい。なぜなら、最後にあえて空海に言及するのは、意外と思われるかもしれないが、筆者が僅かながら読み取りえた範囲で一つの印象を言うなら、空海の言葉と文脈は、恐らく日本の思想史全体において誰よりも、教父的伝統、とくにその集大成者たる証聖者マクシモスの哲学（神学）・思想と、根底において通じるものがあり、何らか触れ合い呼応しているからである。

もとより空海は比類なく巨大な存在である、次に提示する文章は、西洋の哲学・宗教の古典たる教父の伝統に多少とも学んできた者が、空海を畏敬しつつ、その哲学・思想について思いを潜め覚え書きとして記したものに過ぎない。

さて、はじめに引用した空海の幾つかの言葉をいわば自由に受けとめ――つまり実証的・客観的な学の対象としてではなく受容し――、そこに秘められた意味と志向を窺ってゆきたいと思う。

(i)「仏果(ブッダの知恵)を求めて菩提心に通達すれば、この身(身体)において大覚位(大いなる覚り)を得る」とある。菩提心とはすべての探究、道行きのはじめ(端緒)である。すなわち菩提心とは、「大日如来(無限なる根拠の名)の働きを宿したかたち」であり、あるいは「大日如来との原初的・根源的出会いのかたち」であろう。

そうした菩提心は、同時にまた、大日如来との「より大でより善き結合」(無上の覚ないし大覚位)を、どこまでも志向し愛しゆく。その動きにあっては、原因(根拠)が同時に目的(終極)でもあり、それゆえ全体としてある種の自己還帰的・円環的構造が存しよう。かかる菩提心の発動は――身心脱落の姿とも言えようが――、大日如来との結合(大覚位)を、いわばどこまでも脱自的・自己超越的に志向する「動的姿」でもある。

もとより、有限なわれわれにとっては、「大日如来との結合は、容易に完結し成就することはなく、いわば「絶えざる生成」、「不断の創造」といった基本性格を有する。最終の到達点(全き悟り)は、「それ在り」と信じられるが、、その何たるか」(本質)は現実のわれわれにとって隠されている。それは（vi）に示されているように、文・言葉によって捉え切れない謎・神秘に留まるのである。

（ii）人間にとっての本来の道行きは、「身体を排除した魂が大日如来に与る」というようなものではない。すなわち、「この身を捨てずして神境通を得るにおよび、かくして「大空位（大いなる空の世界）に遊歩して、身秘密を成ず」と喝破されている。身体ないし身体性は不可欠のものであって、それゆえにこそ根拠たる大日如来（あるいは仏性、真如）との結合（神境位）の姿は、「身秘密」と言われている。

そこにあって、身体も感覚もこの生の全体も、本来は決して捨てられることなく、生きとし生けるもの、存在物の全体は、本来的には肯定されることになる。しかし、もとよりそのことは、われわれにとって単に対象化された知として所有されるのではなく、次のような不可欠の契機を介してはじめて語られ成立しうるのである。

（iii）すなわち、「加持とは如来の大悲と衆生の信心を表す」とある。平たく言えば、如来の働きは、砕かれた謙遜な心にこそ流入する。つまり、如来の大悲（慈悲）の働きは、いわば「つねに（永遠に）働き現存しているであろうが、それは人間の「信心」ないし謙遜な心のうちにこそ、「あるとき」その都度の今、流入し顕現してくるのだ。「仏と衆生との感応」とも言えようが、「つねに」と「あるとき」（永遠と時間）との微妙な関わりには、よく思いを潜めるべきであろう。

かくして、加持とは単に呪術的なものである以上に、大日如来（法身仏、真如など）のいわば超越的な働きが、この有限な時間的世界に顕現してくるための機微（秘跡的わざ）を示している。この点、大日如来の顕現・具体化は、人間を必要とするとも言えよう。なお次の引用文は、より具体的に「手に印契をなし、口に真言（マントラ）を誦し、心、三摩地に住すれば」というような三つのわざを示し、いわゆる「身密」、「語密」、「意密」なる三密を語っている。

（iv）　ところで、大日如来がこの身、この世界に何らか顕現してくるという際、その成立の根拠は一にして無限なる大日如来の働きである。しかし、その具体的な顕現（いわば受肉）のかたち・姿は、時と状況に応じて多種多様である。それゆえそこには、個々の現象や存在物が相俟って全体として一なる「全一的かたち」が生じていると言えよう。

空海はそのことの極めて集約的な表現として、先の引用文に見るように、「六大、無礙にして常に瑜伽たり。四種の曼荼、各々離れず。三密加持すれば速疾に顕わる。重々たる帝網、名づけて即身、法然具足するは、薩般如。心数、心王、刹塵に過ぐ。……」と語り出している。ここに、六大とは身であり、地水火風空に心を加えたものという。また曼荼（羅）とは、大日如来を中心として仏の世界を視覚的・象徴的に示した図式的表現である。これらの事柄を語る用語は確かに難しいが、ここでは右に述べた基本線のみを見つめておくことに留めよう。

ただその際、とくに注目すべきは、「即身成仏の四字は無辺の義を含む」とされていることである。そして、「一切の仏法、この一句を出でず」とさえ言われているのである。

（v）では、「即身成仏」とはそもそも何なのか。それはこれまでの叙述からすれば、万物の無限なる根拠とも言うべき「大日如来」（法身仏、真如）が――その窮極の姿（本質）は隠されつつも――、その働き・活動によってこの身、この世界に、しかも単に死後においてではなく現生において、「今、ここなる仕方で」宿されて顕現した、その「全一的なかたち・姿」であろう。そして空海は、そのことのさらなる意味と構造を独特の、一見奇異な言語論によって説き明かしてゆく。

「名教（ブッダの教え）の興り、声字にあらざれば成せず。声字文明にして、実相顕わる。……声字実相とは即ちこれ法仏平等の三密、衆生本有の曼荼なり」というわけである。これは、いかなる思想・哲学もまずは声と文字によって表現される以上、当然のことでもあろうが、その「実相」とは、すべてのもの、すべての生命（いのち）が、いわば主客一体のもの、全一的なものとして顕現している姿を指し示している。しかもそうした実相は、先述のような「法仏と衆生とをつなぐ加持（秘跡的なわざ）」によって、この身、この世界に顕現・現成しうるという。そしてそれが「衆生本有の曼荼」というマンダラ世界として象徴的に指し示されることになる。

ところで、空海は確かに、「五大（すべての物質世界）はみな響きを有し、十界（すべての生命世界）は言語を具す」と言う。そして、「六塵（五つの感覚と意識とが捉えたもの）は悉く文字、法身はこれ実相なり」と喝破している。しかし法身とは、はなはだ微妙である。

すなわち、一方で法身は、すべてのもの、すべての生命を実体化したもの（『華厳経』に言うビルシャナ仏）であり、すべてのもの、すべての現象は法身（仏）の現れである。が、他方、法身そのもの（ないし大日如来）の「何なのか」（本質）は、結局のところ「隠されており」知られざるものに留まる。（この意味では、「ビルシャナ仏」ですら真の「法身仏」の「化身」なのである。）

（vi）　ただここに、すべてが終極においてはいわば「不可知の闇」に没入するかに見える際、

「心」というものが、最も重要なものとして、つまり「はじめ」であり「終り」なるものとして次のように語られることになる。「それ仏法、遥かなるにあらず。心のなかに即ち近し。真如、外なるにあらず。我が身を捨てて何か求めむ。迷いと悟りは我にあり。即ち発心すれば速かに至らむ（『般若心経秘鍵』）。

かくして、声字と言語すべてのもの、すべての存在物の根拠として存することが主張された後、「心」が仏法と真如に最も近いもの、通底するものとして語られるのである。そして引用文の最後の表現は、恐らく空海の言語哲学のいわば奥の院を、否定の調べによって鮮やかに指し示すものであった。

「秘蔵の奥旨は、文を得ることを貴ばず。ただ心を以て心に伝ふるにあり。文はこれ糟粕、文はこれ瓦礫。糟粕瓦礫を受けなば、すなわち粋実至宝を失う」（同）。これは、「心を以て心に伝ふる」ということ（以心伝心）の真義を示すものとして注目されよう。しかしそれにしても、「文はこれ瓦礫云々」とは何とも厳しい言葉である。しかし他方、心の働きが一概に讃美されているのではない。

なぜなら、大日如来はその「何なのか」（本質）とは、最後まで「隠されており」、それ自体としては「知られざる無限なもの」に留まるからである。では、「仏法、心のなかに近し」ということはいかに解されるであろうか。

右に述べた事柄に窺われる「否定の調べ」に思いを潜めるなら、大日如来（あるいは仏法、真如）とわれわれとの関わりには、微妙に緊張した二つの位相が存するであろう。すなわち、（ⅰ）、大日如来は無限なるものであって、それ自体は客体的対象として知られえない。しかし（ⅱ）、大日如来の働き・活動は、われわれがさまざまな事柄を知り、行為する、その具体的な生活において、何ほどか経験され、何らか知られうるであろう。というのも、大日如来の働きが、それらの知と行為を成り立たせる根拠として、その都度つねに現前していると考えられるからである。

してみれば、大日如来（ないし神）は、その働きが経験される限りで、遥かに「それ在り」と信じられよう。しかし、対象として知られるのではない。言い換えれば、「大日如来との結合」や「神境通の境地」、そして「即身、成仏」にしても――確かに菩提心に通達すれば（発心すれば）、大覚位を成就しうるだろうと語られていたが――、端的に対象・客体として知られうるのではなく、有限なわれわれにとっては、何ほどか「心」に感知されつつ、いわば「絶えざる生成」のような道行きがあるばかりであろう。

しかし、恐らくそうであればこそ、われわれはこの世の八苦をいたずらに見つめる余り、悲観的になる必要はないのであろう。そして、大日如来（法身）の大悲（大いなる慈悲）に己を委ね、謙遜に生きることが、ほとんどすべてであるのかもしれない。

ところで、空海は、いわばすべての探究の最後に「歓喜の義」を語る。それは、「言葉の神秘主義」とも言うべき『吽字義』という不思議な著作の最後を飾る言葉であった。三世諸仏は皆、自利と利他、自ら楽しんで大笑、他人を救って大笑、等観の義、歓喜の義をなすという。

さて、右に『菩提心論』と『即身成仏義』などに即して、空海の思想・哲学を少しく概観してきた。空海の思想はことさら言及はしなかったが、教父の伝統、とくに証聖者マクシモスとかなり通じるところがある。詳しくは惜くとして、一言だけ附記しておく。

「大日如来」と「神」（ないしロゴス・キリスト）についてである。いずれもわれわれ人間には、その「何なのか」という（本質）は「隠されており」、知られえない。たとえば、「ロゴス・キリストはその顕現（人間としての誕生・受肉）にあっても隠されている」とは、教父の伝統（そしてキリスト教）にあって基本のことであった。この点、「キリストの名」に躓く必要はなく、仏教とキリスト教とを、はじめから相容れないものとして捉える大方の言い方は、是正されるべきである。両者はいずれも、「無限にして知られざる大日如来や神」と、時間的歴史的世界における

「その働き・活動の経験」との、微妙で不可思議な関わりを凝視しているのである。

ところで、空海の哲学・思想における一方の主著、『秘密曼荼羅十住心論』について、本稿ではほんの僅かに触れておくことにしよう。

「心の哲学」という観点からして、空海は人間の心（ないし魂・身体）が生来有している可能性が、伸展し成就してゆく道を、十の段階に分けて詳しく論究している。最後の第十住心が「密教」のものであり、そこに至る九の段階はいわゆる「顕教」として下位のものだという。……

ただ注目すべきは、第十住心に至るそうした階梯にあって、前のものが単に否定され排除されるのではないということである。従って、最後の第十住心は、それ以前の九つの住心をすべて包摂し、そこに全体として一なる「全一的なかたち」が生じていることになろう。

そして驚くべきことに、そうした第一住心から第十住心に至る階梯は、古来の多くの思想・宗教の形態にあって前のものが後ろのものにとって包摂され、ついには集大成されてゆく階梯と対応し、全体として呼応しているとされていることである。

それゆえ、まことに壮大な歴史哲学が提示されている。そこにあっては、すべてのもの、すべてのことが、感覚的なものも精神的なものも、すべてが包摂されている。しかもそれは、先に述べたように、第十住心に至る階梯と密接に対応しているとされているのである。

証聖者マクシモスは明らさまにそうした論を展開しているわけではない。しかしマクシモスにあって、旧・新約聖書のヘブライ・キリスト教の伝統を礎・基礎としつつ、古代ギリシア哲学の伝統がストア哲学、新プラトン主義も含めて摂取され、「受容、拮抗、超克」というかたちで何らか結合されている。そして先行する教父の伝統が継承され、とりわけカッパドキアの教父たちの言葉、文脈がゆたかに展開されているのである。

かくして、空海と証聖者マクシモスとは哲学・思想の基本的動向としては、少なからず呼応し通底していると言えよう。

してみれば、歴史上の大きな存在は、洋の東西を超え、また仏教やキリスト教などの一般的な了解を超えて、不思議に通底し何らか呼応しているとすら思われるのである。

あとがき

本書は「はしがき」にも記したように、古の師父たちの著作からさわりの言葉を選び、合わせて旧約・新約聖書から関連する言葉を少し引いて、それらの意味するところ、指し示すところをできるだけ簡潔に吟味し探究していったものである。それゆえ、全体としてそれらが、われわれが「善く生きる」ための道行きにとって、一つの指標・しるしともなればと思う。『道しるべ――古の師父たちにならう』という書名は、そのことを意味している。

そこに取り上げた言葉は、主としてアウグスティヌス、ニュッサのグレゴリオス、そして証聖者マクシモスという、東方・西方の代表的教父（教会の師父）たちのものである。それらはキリスト教の歴史にあって真の古典であり、後世の容易に凌駕しがたい透徹した内容を有している。そこで、もしいろいろな先入見や偏見を努めて排し、それらの言葉・文脈を虚心に受けとめてゆくなら、それらは、時と処とを超え、さまざまな思考や信条、宗教などの違いを超えて、すべての人にとっての普遍的な性格を持つものとして映じてくるであろう。

また、日本思想史の中からは、一つの趣向として、世阿弥、道元そして空海についての小さな文章を、拙著の適当な箇所に補論として加えた。そうした我が国の先哲の言葉は、根底においては教父たちの探究とも多少とも触れ合い通じるものがあると思われるからである。

ところで、本書は確かにヘブライ・キリスト教的な諸々の問題を扱っているのだが、特定の教理や信仰箇条などを前提して論を進めているのではない。むしろ本書は、全体としていわば「ソクラテス風に」、それぞれの問題をその成立の場に立ち帰って、それはそもそも「何なのか」ということを「愛智の営み」（＝哲学）として問い披き吟味してゆくことを旨としている。そこで、とくに注意すべきは次の二つのことである。

（i）目次から明らかなように、本書はまず第一章「原初的な出会い――探究の端緒」において、およそ人間としての道行きの「はじめ」（根拠）というものを見定めている。「はじめ」の成立してくるところ、「おわり」も何らか現前してくるということからすれば、第一章の論は、実は「おわり」の論（第一〇章以下）と直結している。

ともあれ、第二章から第九章に至る論述は、「原初的な出会い――探究の端緒」に含まれている諸問題を改めて主題として吟味したものである。それらは同根源的に関わっており、全体がいわば「人間とは何か」という一つの謎・問題に収斂していると思われる。

（ii）第一〇章「ロゴス・キリストの問題」以下の論述は、それまでの章で扱った事柄の中心的場面・位相に関わる。それゆえ、一見キリスト教に特有な問題と思われていることは、より普遍的にすべての人の「魂・意志のうちなる問題」なのである。

その中心的位相を一言で言うなら、われわれの置かれているそれぞれの状況において、真に「善く意志すること」の可能となる「根拠は」は何なのかということであろう。つまり、それは自力のみによるものではありえず、そこに自らに固有の力を超えた「超越的働き（力）の現前」ということが問題となる。「キリストの名」は、そうした事態を指し示しているのである。

ちなみに、この「超越的働きの現前」という一点に関する限りは、たとえば「大日如来」、「阿弥陀仏」、「天」などの言葉も、恐らく同様の意味合いを有しているであろう。

さて、こうした拙い一書が成るためにも、若き日よりの少なからぬ人々との出会いが、筆者自身の歩み、道行きの礎となり心の支えとなっていることを、改めて痛いほど感じさせられる。それぞれの時期にお世話になった方、友人として親しく接した方などさまざまであり、今は亡き方も多い。そうした方々のお名前を挙げることは控えるが、移りゆく世にあってすべてのことが過ぎゆく中、それぞれに忘れ難い多くの思い出が去来する。今ここに、それらすべてのこと、すべての方々のことを深く心に刻み、懐かしさと悔いとともに衷心から感謝を捧げたい。

なお、本書は筆者の学的歩みの小さな集成のようなものであるが、こうした著作が出版されるに際しては、従来と同じく、知泉書館の小山光夫、高野文子両氏の一方ならぬお力添えを賜った。思えば、わたしのはじめての著作『アウグスティヌスの哲学――神の似像の探究』（創文社、一九九四年）が出てから、早くも三〇年もの才月が経っている。その後もいろいろな拙著や教父の古典の翻訳などの度にお世話になっており、ほんとうに有り難い縁をいただいたこと瞠目せざるをえない。とくに小山光夫氏は、出版事情の厳しい中にも変わることなき情熱と使命感、あらゆる古典に対する高い見識を有しておられ、まさに稀有な存在と思われる。ここに記して、改めて深甚の感謝を捧げる次第である。

附記。この度は、筆者の手書き原稿を、娘の納富美樹子にパソコンに入力してもらった。記して感謝の意を表したい。

参考文献

本書において使用した主な原典（翻訳）を、若干挙げておく。

アウグスティヌス『告白』
同　『三位一体論』
ニュッサのグレゴリオス『モーセの生涯』、谷隆一郎訳、『キリスト教神秘主義著作集』1、教文館、一九九二年。
同　『雅歌講話』、大森正樹、宮本久雄、谷隆一郎、篠崎栄、秋山学訳、新世社、一九九一年。
『砂漠の師父の言葉』、谷隆一郎、岩倉さやか訳、知泉書館、二〇〇四年。
証聖者マクシモス『難問集――東方教父の伝統の精華』、谷隆一郎訳、知泉書館、二〇一五年。
同　『神学と受肉の摂理とについて』、谷隆一郎訳、『フィロカリア　Ⅲ』所収、新世社、二〇〇六年。

谷　隆一郎（たに・りゅういちろう）

1945年生まれ，神戸に育つ。1969年，東京大学工学部卒業，1976年，東京大学大学院人文科学研究科博士課程単位取得。九州大学教授を経て，現在九州大学名誉教授。博士（文学）。

〔主要業績〕『アウグスティヌスの哲学―「神の似像」の探究』（創文社，1994年），『東方教父における超越と自己―ニュッサのグレゴリオスを中心として』（創文社，2000年），『人間と宇宙的神化―証聖者マクシモスにおける自然・本性のダイナミズムをめぐって』（知泉書館，2009年），『アウグスティヌスと東方教父―キリスト教思想の源流に学ぶ』（九州大学出版会，2011年），『受肉の哲学―原初的出会いの経験から，その根拠へ』（知泉書館，2019年），『証聖者マクシモスの哲学―人間・自然・神の探究』（知泉書館，2022年）。

〔編訳書〕ニュッサのグレゴリオス『雅歌講話』（共訳，新世社，1991年），同『モーセの生涯』（『キリスト教神秘主義著作集1』教文館，1992年），『砂漠の師父の言葉』（共訳，知泉書館，2004年），『フィロカリア』Ⅲ（新世社，2006年），『キリスト者の生のかたち―東方教父の古典に学ぶ』（編訳，知泉書館，2014年），『証聖者マクシモス『難問集』―東方教父の伝統の精華』（知泉書館，2015年）など。

〔道しるべ〕　ISBN978-4-86285-402-5

2024年3月10日　第1刷印刷
2024年3月15日　第1刷発行

著　者　谷　　隆一郎
発行者　小　山　光　夫
印刷者　藤　原　愛　子

発行所　〒113-0033 東京都文京区本郷1-13-2
電話03（3814）6161 振替00120-6-117170
http://www.chisen.co.jp
株式会社　知泉書館

Printed in Japan　印刷・製本／藤原印刷

事 項 索 引

か　行

さ　行

は　行

ま　行

や　行

ら・わ　行

聖　書　索　引